民国才子那般风流

随园散人／著

经济日报出版社

图书在版编目（CIP）数据

民国才子那般风流 / 随园散人著 . -- 北京 : 经济日报出版社 , 2016.8

ISBN 978-7-80257-942-2

Ⅰ . ①民… Ⅱ . ①随… Ⅲ . ①历史故事—作品集—中国—当代 Ⅳ . ① I247.8

中国版本图书馆 CIP 数据核字（2016）第 151924 号

民国才子那般风流

作　　者	随园散人
责任编辑	张　丹
出版发行	经济日报出版社
地　　址	北京市西城区白纸坊东街 2 号（邮政编码：100054）
电　　话	010-63567691（编辑部）63538621（发行部）
网　　址	www.edpbook.com.cn
E-mail	edpbook@126.com
经　　销	全国新华书店
印　　刷	北京鑫瑞兴印刷有限公司
开　　本	880×1230 毫米　32 开
印　　张	7
字　　数	150 千字
版　　次	2016 年 8 月第一版
印　　次	2016 年 8 月第一次印刷
书　　号	ISBN 978-7-80257-942-2
定　　价	36.00 元

序言

那风姿绰约的年代

突然沉默，世事皆无声响。整个世界仿佛空洞的画面，寥寥几笔，勾勒出沧桑与悲喜，又在苍白的色调里，透着几分醉意阑珊。我们尽量保持清醒，却还是在某些时刻，沉沉醉去，不知身在何方。只不过，醉与醒之间，并无多少阻隔。

或许，真该以醉眼迷离的姿态，去面对那个时代，然后在醉意里，遇见所有的离合变幻。民国，去得并不遥远，却已无法触及。我们只能在那些渐行渐远的气息里，找寻那些如今难再重现的情怀与气韵。

总有些时代，让人想起来就感伤却又总是念念不忘；总有些时代，让人不忍心去触碰却又必然要去触碰。衣带生风的魏晋，诗情画意的唐宋，不管岁月走了多远，那些恣肆与狂放，风流与缱绻，都让人忍不住心驰神往。

很庆幸，在不远的从前，有过那个时代。那时候，大清王朝轰然倒塌，封建帝制突然消亡，整个世界都仿佛灵动了起来。于是，爱也爱得恣肆，恨也恨得彻底；聚也聚得快味，散也散得洒脱。许多规则与逻辑失去了原有的力量，鲜活的人生格调便浮出水面，取代了旧日的死气沉沉。

回到最初，烽火依旧连城。那仍然是纷扰不休的时代，大地与年光，都在战火与硝烟里摇摇晃晃。民国所有的故事都在混乱的时空下浮沉，岁月刻下的痕迹清晰如初。军阀混战，世事萧条，人性挣扎，风雨飘摇，这原本就是民国的模样。事实上，无数的遗老遗少仍旧在醉生梦死，无数的野心与阴谋都在或明或暗地生长。还有无数战战兢兢的人们，蜷曲着身体，在灯火明灭的地方，彷徨无际。

但这些，都无法改变民国的韵味。那是写意的年代，恩怨与情仇，都透着几分风花雪月的味道。只是这样的味道里，却又分明有着说不尽的悲伤与寥落。

那里，旗袍下的女子在影影绰绰的灯火下，与时光对饮。但别忘了，还有许多的文人雅士，在爱恨的边缘，在疏离散淡的年代里，书写着悲欢离合。才子佳人，说来是俗套的情节，却也是动人的画面。如今，苍白的世界里，还有几段故事几场爱情，能配得上这几个字?

从旧时代里飘然走来，民国才子有着与生俱来的不羁与纵意。或许冷落，或许悲凉，但更多的还是快意与风流。他们身上，有着旧时代的清雅，也有着新时代的纵意，所以，在平平仄仄长长短短的字句里，他们的人生显得与众不同。民国的年光，经他们轻描淡写，便有了无边的风情与风姿、风流与风骨。

回首之际，便看到了那些飘洒而冷峻的身影。徐志摩仍在康桥的柔波里心事搁浅，李叔同已放下俗事归了青灯古佛；卞之琳还在桥上思考着关于风景的哲学，戴望舒已在茫然的等待里回到了雨巷……

所有的才子，连同他们的故事与情怀，构成了那个时代独特的性灵世界。细细想来，如突然落下的夏雨，浸润了整个世界，却又在不知不觉间抽离。在他们离去后，虽然还有许多人执笔耕耘，却很少有人能写出那样的风情。

故事可以相似，情怀却已不在；爱恨仍在流转，风姿难再重现。枕着年光，对那逝去的年月念念不忘，终究不过是默然感伤。风华绝代也好，风流恣肆也好，都只是旧日风景。那风姿绰约的年代，到底是远去了。

目录
Contents

钱钟书：人间有味是清欢

四十无闻懒慢身，放情丘壑任天真。

悠悠往事杯中物，赫赫时名扇外尘。

短策看云松寺晚，疏帘听雨草堂春。

山花水鸟皆知己，百遍相过不厌贫。

独爱寂静

人间的路，是每个人必经的天涯。往往是这样，走着走着，就走入了荒野。从来处来，到去处去，经过的是千万次的聚散离合。就在这些聚散不断的故事里面，我们认出或者忘记了自己的模样。走在路上，踩出足迹，也就踩出了悲欢。于是，遥望岁月，我们只能这样安慰自己：不念过往，不畏将来。

这世上，多少人眷恋繁华，在人海中活得形神憔悴。其实，人生原本可以这样度过：远离喧嚣，在独自的世界里，看山看水，莳花种草，日日与自己真诚面对。不为特立独行，只为悠然写意。性情简单的人，总会厌倦繁华，那么，去到山水之间，晴耕雨读，采菊种豆，也是不错的选择。

日子可以散淡，却不应该苍白。钱钟书是个安静的人，人们印象中的他，似乎总是在自己的书房里，与那些被他视为生命的书籍倾情面对。人世的喧嚷纠葛，便被这样的痴情与清淡，远远地隔开了。

人们说，他是个孤僻的人，他笑着，继续读他的书；人们说，他是个狂傲的人，他不语，继续他的痴迷。或许是天意，周岁的时候抓周，他抓到了书，于是在后来的许多年，他从未割舍对书的痴情。因为这样的痴情，世间的许多事，名缰利锁，离合变幻，都被他视为云烟。他只愿，在自己的世界里，做个闲云野鹤，不惊风，不惊雨。

钱钟书是江苏无锡人，出身名门，他的父亲钱基博是近代著名的古文家，曾先后担任过圣约翰大学、光华大学、清华大学、浙江大学等校的教授，他的母亲姓王，是近代通俗小说家王西神的妹妹。

钱钟书从小就聪慧无比，记忆力惊人。但他的天赋主要表现在文学上。他喜欢随心所欲地自由发挥，特别不愿意按部就班地逻辑推理，因此对理科课程深恶痛绝。考入清华时，数学竟然得了零分，本来是不能录取的，但因为他中英文特别出色，校长罗家伦就决定将他破格录取。

青年时期的钱钟书颇有些恃才傲物。他上课不记笔记，有时候画画或者练书法，有时候低头看外文原版小说，成绩却总是名列前茅。尽管如此，在生活方面，他却有几分傻气。据说，他总是分不清东西南北，穿衣服不是前后颠倒，便是内外不分。最出洋相的是上体育课，因为左右不分，常常出洋相。

但这些琐事都被他淡然地遗忘了，被嘲笑以后，他又回到了书里。徜徉于书卷，他才是我们熟悉的那个才子，才能找回属于他的狂傲与自在。那里，所有的寂静都被灯火点亮，无边的风情被他默然拾取。走出来的时候，他已让无数人侧目了。其实，所有寂静处，皆有大风景，只是人们走得太快，总是无声地错过。

其实，他的人生，本不寂静。吴宓对他的评价是：才情学识兼具，新旧中西俱通；学界这样称赞他：中国博学鸿儒，当代文化昆仑。而世人的说法是：大师风华绝代，天才卓尔不群。无论是人们熟稔的《围城》，抑或是近乎天书的《管锥编》，都让整个世界惊叹。

然而，他却只是静静地坐在书斋里，如常般埋头读他的书，做他的学问。上清华以后，他发誓要横扫图书馆，所以每日都会从图书馆抱回大堆书，边看边用又粗又黑的笔划下佳句。图书馆内很多冷僻的线装书借书单上，只有他的名字。后来，他有了自己的书房，仍旧是日日在书中游走。新书旧书，中文书外文书，但凡到手就会用心赏读。据说，他只要手中有点外汇，就张罗着买书，国外出版社的稿酬，他基本不取现金，而是开出书单子，请对方实物支付。或许，这嗜书之人，在书香之中也能找到几分醉意。

对他来说，世人盛赞也好诋毁也好，都只如风中尘屑。他在乎的，是书中的快乐，是独自的清欢。很多时候，他像个隐者，在繁华深处，探寻生命的真意。日日倾情于书，偶尔回归自己，偶尔遗忘自己。由此，天地之间，也便少了许多俗事。

世人知晓钱钟书，多因《围城》蜚声在外。但真正奠定他在学界地位的，还是那部《管锥编》。这是他研读了《周易》等十部中国古籍所作的札记和随笔总汇，用典雅的文言写成，引用了大量西语原文，引述了四千位作家上万种著作中的数万条书证。该书自问世以来，不要说读懂的人寥寥无几，就算是通读过的人，也是屈指可数。

他仍是那副无所谓的态度。得失成败，荣辱毁誉，他都看得很淡。只有那份对书的痴情，从未减少半分。甚至面对生活的困苦境遇，他也只是默默地埋头书本，试图淡忘周遭的悲情。文革时期，他被送去劳改，每日只能看马列著作，他竟然也读得兴致盎然。后来，许多人被大赦回京，他和杨绛却不在名单之中。于是，夫妻二人平静地走回窝棚。住得心安理得，只是因为没有书，钱钟书颇觉得无味。

在他的书斋里，看山是山，看水是水，常人觉得孤寂，他却喜欢这样的清静。后来，他谢绝了许多人的拜访，于是有人说他清高孤傲自以为是。他默不作声，依旧活在自己的世界里，飘然如天地沙鸥。

名利之事，本就是枷锁樊笼，苦心追逐只会越陷越深。对于别人的盛赞，钱钟书向来是笑而不语。对他来说，大师也好，鸿儒也好，这些称号都没有意义，只有心中的宁静，最让他不舍。20世纪80年代以后，钱钟书先生在国际上声誉大振，国内十几家电视台联合拍摄《当代中华文化名人录》，并有优厚酬金，可谓名利双收，钱钟书却不愿参与其中，笑着对前来邀请的人说："我都姓了一辈子钱了，难道还迷信钱吗？"

中央电视台的《东方之子》栏目，许多人拼死往里钻，但当节

目制作人员试图去采访钱钟书时，却遭到了他坚决的拒绝。美国普林斯顿大学邀请他去讲学，开价 16 万美元，交通住宿免费提供，可携夫人同往，钱钟书却拒绝了。英国一家老牌出版社，得知他有一本写满了批语的英文大辞典，派人远渡重洋，叩开他的大门，许以重金，请求卖给他们，他却坚决不卖。

到底，他是个淡泊的人。追名逐利不符合他的性情。在他的世界里，有书香墨香，有风色月色，就是没有那些俗妄念头。他所做的，无非是独自行走，从寂静到更寂静，从悠然到更悠然。当人们说他清高自傲的时候，他就坐在书斋里，两耳不闻世事喧嚣。轰轰烈烈，波澜壮阔，不是他想要的。墨守完整人格，不惧风雨飘零，这是属于钱钟书的寂静。

应该说，在这世上，每个人都是风景。许是烟雨楼台，许是大漠孤烟；许是夕阳西下，许是秋月无言。无论是怎样的风景，总有人熟视无睹，总有人念念不忘。世间纷扰太多，我们能做的只是随遇而安。坦荡地行走，寂静地度日，纵然无人理睬，至少可以做自己的风景。人间有味是清欢，说得真好。

围城里的幸福

爱如烟火。这样的字句让人心惊，然而惊讶之后又蓦然间明白，原来真的如此。爱情虽美，却常常经不住风吹雨打。往往是这样，走着走着，两个人便走出了各自的世界，从此两处天涯。所以，人们常说，如花美眷，敌不过似水流年。

薄情之人自不必说，刹那的欢情后，便会露出朝秦暮楚的面目，然后转身离开，不管给对方留下怎样的黯然销魂。即使是痴情之人，又有多少人能守着某个人不离不弃呢？所谓的地老天荒，很多时候只是故事里的空洞台词。

却也有人将爱情演绎成了小桥流水的清浅诗句。漫长的似水流年，他们守着彼此，真正做到了：执子之手，与子偕老。他是钱钟书，她是杨绛。多年以后，他说：我见到她之前，从未想到要结婚；我娶了她几十年，从未后悔娶她，也未想过要娶别的女人。岁月无情，却没有割断这场乱世的情缘。我们不妨走近，看这对才子佳人如何将爱情勾勒成水墨画卷。

他是俊雅才子，她是翩然红颜。就像许多故事里的情节，他们在最好的年岁，于清华大学的古月堂，默然相逢。仿佛只是刹那，他们就认定了对方。其实，所有的刻骨铭心，都开始于刹那的欢喜。只不过，多数彼此倾心的男女最终不得不为爱情画上伤感的问号和叹号，只有少数终得圆满。花好月圆，本就是可遇而不可求的。

当时的杨绛，在清华大学西方语言文学系研究生院就读。她也是江苏无锡人，后来定居苏州。她出生于书香门第，父亲杨荫杭是著名的律师，曾赴美日两国留学，获宾西法尼亚大学法学硕士，他创办过无锡励志学社和上海律师公会，担任过上海申报编辑，历任了江苏省高等审判厅长、浙江省高等审判厅长等职。杨绛的姑母杨

荫榆，是北京女子师范大学的校长，后来在日军攻陷上海时为维护学生而被枪杀。

最重要的是，杨绛也是聪慧过人，并且也嗜好读书。17 岁的时候，她考入了江苏东吴大学，虽然分科的时候选了政治系，但她喜欢的却是文学。因为不喜欢，所以他对于专业课程总是敷衍了事，大部分时候都待在图书馆里阅读文学书，三年以后，对文学更是痴情。大三时，杨绛得到了威尔斯利女子学院的奖学金，可以去美国留学，但她并不觉得洋学位多了不起，宁可考清华的文学研究院，她想去中国最好的大学念自己最喜欢的文学。

她果然考入了清华。这场让人艳羡的爱情，便有了开头。来得清清淡淡，却是不迟不早。对于杨绛与钱钟书的缘分，杨绛的母亲说，她的脚下拴着月下老人的红丝，所以心心念念只想考清华。不久之后，他们就在清华的校园里出双入对了。

民国的天空下，有太多缠绵悱恻的故事。我想，身处这段历史的人们是幸运的，虽然外面充满不安与萧瑟。至少，人生与爱情，都可以放肆地进行，不必理会太多是非曲直。洒脱地生活，倾心地爱恋，都变得合情合理。同时，属于旧时代的诗情画意还未走远，独自的时候可以吟风赏月，相爱的时候可以诗酒流连，无需面对嘲讽眼神。

而如今，虽仍有不少人写诗，但在许多人眼中，诗人几乎成了奇怪的生物。至于诗意，早已不知去向，谁若突然谈起，只会被人鄙薄。于是，风雅与风情，也几乎没了踪影。然而，花花世界里的人们，却很少觉得这个年代有何可悲之处。

当然，爱情再美也要面对离别。1933 年的夏天，钱钟书毕业了，因为他格外出众的才华，清华希望他留校继续攻读硕士，可是他拒绝了。他觉得自己有足够的自学能力，而且水平并不比在校的研究生差，没必要再学重复的东西。钱钟书，向来是孤傲的。他去了光华大学任教，杨绛还没有毕业，他们暂时分开了。离别后，钱钟书写了许多信给杨绛，其中有不少情诗，皆是古体诗，比如这首：

缠绵悱恻好文章，粉恋香凄足断肠；答报情痴无别物，辛酸一把泪千行。

依穰小妹剧关心，髾瓣多情一往深；别后经时无只字，居然惜墨抵兼金。

良宵苦被睡相谩，猎猎风声测测寒；如此星辰如此月，与谁指点与谁看。

困人节气奈何天，泥煞衾函梦不圆；苦雨泼寒宵似水，百虫声里怯孤眠。

他的诗虽做得好，她回信却并不多，她对他说，她不爱写信，他有些抱怨她："别后经时无只字，居然惜墨抵兼金"。后来，他写《围城》，还念念不忘这段往事，《围城》里的唐晓芙也不爱写信。

后来，他们的鱼雁传情还是被发现了，不过爱情却因此变成了婚姻。两个自由相爱的人，老老实实却又略带迷茫地走了遍媒妁之言的程序。1935 年，他们在无锡完婚，从此将人生交付给了对方。

从前，她和他提起自己的家庭的时候，她有些自豪道，清末状

元张謇曾称她的父亲杨荫杭为江南才子。不想他也把张謇致他父亲的信拿给她看，原来在信中，张謇也称钱基博为江南才子，两人对望，哑然失笑。此时，她的身边有了属于她的江南才子。都说才子多情，但钱钟书，却给了她所有的痴情。

他说婚姻如围城，城里的人想出去，城外的人想进来。而他自己，却始终住在那座围城里，和他的知己红颜，守着他们的年月和爱情。当风花雪月变成了柴米油盐，他们的爱情从未失去最初的安恬与美好。他仍是风度翩翩的才子，她仍是内敛素净的红颜，灯火明灭，世事变迁，许多故事悄然落幕，许多尘缘无端消散，围城中的他们，却不曾辜负尘缘。

结婚那年春，钱钟书参加了教育部公费留学资格考试，以绝对优势名列榜首，顺利地拿到了英国留学的名额。为了随他去英国，杨绛同老师商量，用论文形式代替考试，提前毕了业。婚后不久，他们双双离开了江南，从上海起航，乘船去了英国。尘埃落定后，两个人开始了在异国他乡情趣盎然的生活。

在牛津大学的日子是静好的。平时各自上课，下课或者放假的时候他们会相约去读书，他们会比赛谁读得书多，那样的情景，俨然便是纳兰容若笔下赌书泼茶的画面。独自畅游书海已是格外的惬意，与所爱的人共醉书香，更是写意的情节。

偶尔，他们也会去市区的图书馆，那里可以借到十九世纪作品和通俗书籍，他们总会抱一大堆的书回家。入夜的时候，街灯闪烁，高大的警察慢吞吞走着，挨家挨户检查大门是否关好，邮差也识得他们，半道上遇上了，就把家信给他们，小孩子会和他们要信封上

▲ 钱钟书（由 Sipaphoto 提供）

的中国邮票。他们就在这样安恬的夜晚沉入梦里，醒来的时候继续未了的故事。

钱钟书在牛津拿到学位之后，他们又相伴去了法国巴黎大学。读书仍是他们最喜欢的事情。当然，有时候他们也会背诗，中文的，西文的，都来者不拒，他们还喜欢比照着书中的描写一起看风景，看到不同的房子，就猜测里面住着什么样的人家，看到人流中的各色人等，就猜测那人有怎样的身份。

在金庸的小说《射雕英雄传》中，黄药师与妻子阿蘅之间的故事，像极了他们。都是聪明骄傲才华横溢的男子，和才气足以与他们并驾齐驱的红颜，在纷乱荒芜的人间，过着清浅而诗意的日子。

只不过，黄药师与阿蘅是幻想中的神仙眷侣，而钱钟书与杨绛，却是红尘俗世的珠联璧合。有诗词歌赋心有灵犀，有柴米油盐磕磕碰碰，于不圆满的乱世，营造着属于他们的圆满。世间的聚散离合，似乎与他们无关。

最美的爱情

惝恍流离的人世间，才子佳人往往会演绎成落花流水春去。许多故事在风尘岁月里褪去了最初的静美，只剩哀叹与无奈，隔着两处荒凉。尘缘就在那里，摆放得不偏不倚，聚与散，悲与欢，都仿佛早已注定。所以人们总说，猜到了开头，却猜不到结尾。

而他们，给出了不同的答案。经历了世事沧桑，他们从不曾相忘于江湖。贫穷也好，落魄也好，都不曾走散。清淡如水，就是他们的爱情。就像杨绛说的：月盈则亏，水满则溢，我们的爱情到这里就可以了，我不要它溢出来。其实，经过你侬我侬的情浓时光，爱情都会回归平淡。在平淡甚至索然的日子里，仍能不相弃，才是真的爱情。

他们的女儿钱瑗出生了，他们叫她阿圆。那段日子，杨绛住了医院，钱钟书与生俱来的傻气便都显露了出来。他陆续打翻了墨水瓶，弄脏了房东家的桌布，弄坏了门轴，砸碎了台灯，当他像个犯错的孩子般，将这些事告诉杨绛的时候，她只是淡淡地说，不要紧，我会修。后来，她果然修好了，而他为了她学会了炖鸡汤。

看上去不食人间烟火的才子，选择了与生活握手言和；曾经十指不沾阳春水的红颜，回归了锅碗瓢盆的生活。幸好，他们都足够聪明，经过短暂的不适应，日子便又从散淡中透出了应有的悠然写意。如果说生活是画卷，那么，我们可以做画里的蒹葭苍苍，却也可以退身出来，以恬淡之手，为这画卷添上草树烟霞。

1938 年秋天，钱钟书与杨绛带着女儿回到了战火硝烟中的中国。然后，他们遇见了生命中无比艰难的年月。无边的烽火，将人们赶向莫名的惨淡与凄凉，他们也不例外。只不过，漂泊中的他们，从未放开彼此的手。

后来，杨绛的父亲去世，他们的经济条件大不如前。为了节省开支，他们辞掉了佣人。钱钟书开始写他的《围城》，洗衣做饭、劈柴生火，这些事几乎全部落在了杨绛身上。同时，她还跑很远的路去郊区上课。生活还是显露出了狰狞的面目，杨绛持续不明原因低烧，钱钟书每年都生大病，钱瑗也得了骨结核差点夭折。与先前在国外那些安详岁月相比，那些年可以说是水深火热。

那样战火纷飞的年代，每个人都如扁舟，在无垠的河流上飘飘荡荡，没有停靠的地方。于是，无数曾经的神仙眷侣不得不劳燕分飞。而他们，却在贫困之中，将日子过得生动有趣。很多时候，面对浮沉起落，除了随遇而安，也没有别的办法。当然，行到水穷，坐看云起，不是谁都能做得到。

几分天真，几分淡泊，几分傲然，这就是钱钟书。不管身处何种境况，他身上的孩子气从未脱去。在女儿面前，他从来摆不出父亲的威严，甚至比女儿还要顽皮。钱瑗曾说：“我和爸爸最哥们，我们是妈妈的两个顽童，爸爸还不配做我的哥哥，只配做弟弟。”

钱瑗小时候，每天临睡前，钱钟书总会将大大小小许多东西，诸如各种玩具、镜子、刷子，甚至砚台或毛笔，偷偷塞到女儿的被窝里，等女儿惊叫，他就得意地开怀大笑。后来，女儿临睡前总要小心搜查，把被窝里的东西都取出才能安然入睡。

对于寻常人来说，这样的事玩几次也就会觉得无味，钱钟书却是百玩不厌。有时候，他也会捉弄妻子。某天中午，钱钟书午睡，杨绛独自在临帖，不久杨绛也睡着了。钱钟书睡醒后见她在睡，就饱醮浓墨，想给她画个花脸，可是他刚落笔杨绛就醒了。即使如此，洗净墨痕还是费了不少功夫。后来，他还给杨绛画过肖像，上面添了眼镜和胡子，他很是得意，杨绛也不生气。

钱钟书和杨绛都喜欢猫。解放后，他们住在清华，林徽因和梁思成夫妇和他们是邻居，两家都养着猫。晚上猫喜欢打架，钱钟书总会倚在门口，还特意备了长竹竿，听到猫儿叫闹，他就拿了竹竿出去帮自家的猫打架。在这样颇有喜剧色彩的画面里，林徽因的猫也曾被打得落荒而逃。杨绛担心为此伤了两家和气，还对钱钟书开玩笑说，打猫要看主妇面。

当然，无论是怎样的孩子气，当他回到书桌，又是那个学养深厚的寂静才子。他本就是这样，静如处子，动如脱兔。动静之间，生命早已远离了苍白。此处返璞归真，彼处笔落清秋，傲然凌霜，清然绝尘，这是属于民国的风雅。

纵然再艰难，生活仍要继续。越是流水落花的日子，越能对比出生命的质感。那些荒凉年月，他们在如履薄冰的生活里，渐渐触到了灯火。最初是两个人的似水流年，后来是三个人的不离不弃，终于，把那些惨淡的日子推给了从前。

钱钟书写出了著名的《围城》，这部作品让他的名字被无数人熟知。杨绛写出了四幕喜剧《风絮》，还翻译了不少外国作品。战争结束后，他们被清华聘请，回到了北京，生活又开始明亮了起来。被岁月碾成齑粉，或者将岁月踩在脚下，其实是可以选择的。关键是，要有颗恬淡的心。

不过，艰难的生活仍在后头等着他们。文革时期，他们被下放到干校，钱钟书担任通信员，杨绛被罚去种菜。钱钟书去邮电所取信的时候会特意走菜园的东边，为的是与杨绛菜园相会。这个时期，钱钟书还曾为了杨绛与人动武。

因为邻居骂钱瑗不是好人，还打了她耳光，杨绛出于母亲的本能立刻还手，于是被无理殴打。年过花甲的钱钟书从屋里冲出来，举起厚木板对殴打杨绛的男子劈头就打。要知道，在文革中，即使是挨批斗，被剃“十字头”，钱钟书也没有反抗过。但是为了保护杨绛，他可以豁出去。就像史学家汤晏说的，其实他也是人，他也有喜怒哀乐。

钱钟书在小说里对男女之情冷眼旁观，似乎看破红尘。但是在生活中，他对杨绛却是呵护备至，情深意切。杨绛给他做饭，他心疼妻子劳累，于是写下了这样的句子：忧卿烟火熏颜色。不管经历怎样的岁月磨洗，他们的爱情仍是众所周知的佳话。

十年文革，钱钟书写出了宏大精深的古籍考证与评论著作《管锥篇》，所引中外著作上万种，作家四千余人；杨绛翻译了讽刺小说巅峰之作《堂吉诃德》。然后，凌乱的回忆成了过往，日子又回到了最初的平静。书斋里的他们，终于可以静下来体会简单的幸福。窗外是浮世众生，窗内是流光清浅。

他说，有了门我们可以出去，有了窗我们可以不必出去；她说，世态人情，比明月清风更饶有滋味，可作书读，可当戏看。过去与未来，离合与聚散，都成了过眼云烟，只有眼前的彼此，依旧清晰。

当时光流逝，生活褪去最初的华彩，逐渐呈现粗粝面目，她不再是当初不识柴米油盐的苏州小姐，他也不再是古月堂前吟诗作赋的翩翩少年。战乱和贫穷改变了许多东西，但爱情，却日笃弥深。老去后，他仍是她的才子，她仍是他的佳人。最美的爱情，应当是这样。

风骨犹存

可以说，他是风华绝代的博学鸿儒。但同时，在许多人眼中，他又是个狂傲自负的人。他喜欢在自己的书斋里寂静地体味清欢，淡泊如尘，宠辱不惊，但是骨子里的狂狷却从未改变。他就是这样的性情，敢于笑对全世界的冷眼。

钱钟书的狂，狂在才气，狂得汪洋恣肆，颇类古代庄生。他很少赞扬别人，倒是挖苦和调侃过不少人。沈从文、周作人、林语堂等，都曾在他笔下伤痕累累。所以，很多人说他刻薄，其实，他只是率真而已。可贵的是，人前人后，他的态度并无出入。与那些背后鄙薄别人当面又拼命讨好的人相比，他的真性情倒是更让人喜欢。

傲然却又磊落，这就是钱钟书。因为狂傲，所以不喜欢交游。他很少拜客访友，当然也讨厌被别人拜访。与人交往，自然需要言语上的斟酌和行为上的约束，这是最令他不能忍受的。所以，很多时候，他更愿意在书斋里，与孤寂为邻。

有位外国记者曾说，他来中国有两个愿望：一是看万里长城，二是看钱钟书。他把钱钟书看成了中国文化的象征。还有一个外国记者因为看了钱钟书的《围城》，想去采访钱钟书。他打了很多次电话，终于找到了钱钟书。钱钟书在电话里拒绝了采访的请求，并说：“假如你吃了一个鸡蛋觉得不错，又何必要认识那个下蛋的鸡呢？”

他越是避客，便越是有人想见他。于是，他不是客客气气地辞谢，就是借故以病推托支开，甚至是毫不客气地拒绝。有权威人士大年初二去拜访，却被钱钟书拒之门外，那人当然不高兴，说钱钟书不近人情。但也没办法，这个狂傲的文人曾经引杜于皇的话说，即使司马迁、韩愈住隔壁，也恕不奉访！难怪，当年他父亲写信命他拜访章士创，他也懒得理会，无动于衷，后来看到章氏《柳文指要》，他还为当年没有遵父命而感到庆幸。

狂到这个份上，也算是狂出了风骨。多年以后，人们习惯了他的狂傲，便都明白，那不过是文人的性情。在钱钟书八十寿辰之际，有关部门要给他举行盛大的庆祝典礼，他却坚决地谢绝了。事后，有人问起缘由，他淡淡地说，不愿花不明不白的钱，不愿见不三不四的人，不愿听不痛不痒的话。

许多人最初特立独行，不屑与俗事为伍，但是经过岁月磨砺，渐渐褪去了锋芒，甚至连最初性情也遍寻不着。世事浮沉，可以让人变得圆融，也可以让人变得庸常。老去的时候，仍保持年轻时的性情和风格，这需要莫大的勇气。耄耋之年的钱钟书，不喜欢置身人群之中，除了喜欢清静，与生俱来的狂狷也是重要原因。

关于狂狷，钱钟书与吴宓之间的故事很值得玩味。1929 年，钱钟书以英文满分的成绩，考入清华大学外文系，成为吴宓的得意门生。吴宓对这个天才弟子青眼有加，常常在上完课后，问他的意见，钱钟书总是先扬后抑，颇有不屑之意，吴宓从不气恼，只是颔首唯唯。

四年以后，钱钟书即将从清华大学外文系毕业，校长冯友兰亲自告诉他，将破格录取他留校继续攻读西洋文学研究硕士学位。没想到，钱钟书却拒绝了。他给出了让无数人惊愕的理由，他说，整个清华，叶公超太懒，吴宓太笨，陈福田太俗，没有哪个教授有资格充当他的导师。要知道，被他点名批评的三位教授，是三十年代清华外文系的梁柱之才！

不久以后，有人将这些话告诉了吴宓，吴宓只是淡淡地笑道，钱钟书的狂，并非孔雀开屏般的炫耀，只是文人骨子里的高尚的傲慢。对这个得意弟子，他给予了最大程度的理解和包容，只因他清楚钱钟书的性格。大概，他也十分清楚，钱钟书的狂傲里面，有着无与伦比的澹泊与清雅。与钱钟书相比，吴宓的其他学生大都太过俯首帖耳缺乏个性。所以，尽管钱钟书很不给他面子，但是某些时候，吴宓定会为有钱钟书这样的学生而窃喜。

1937 年，钱钟书还在国外求学。吴宓几经反复，打算和自己的意中人毛彦文举行婚礼。消息传出，钱钟书撰文发表在国内某知名大报上，刻薄地调侃毛彦文是半老徐娘。于是，吴宓自诩的浪漫爱情，成了许多人的笑柄。尽管如此，吴宓仍旧选择了宽容。不过，当年和吴宓同时被钱钟书鄙薄过的那两人就没他的度量了。

当时，清华和北大为避战乱，都已南迁至昆明，共同成立了西南联大。钱钟书回国以后，应清华的邀约，到西南联大教书，但因为他性情孤傲，不到一年就离开了，正好他的父亲也在湖南蓝田师范任教，他便也去了湖南，他在那里干了两年，组建了师院的外语系。1941 年暑假，他获悉清华将重聘他回校任教，于是他辞去了蓝田师范的职务，回了上海，在家里等清华的聘书。

可是，聘书迟迟未寄，他离开西南联大的时候，也发生过这样的事，当时梅贻琦校长亲自发电报挽留，可他却没有收到，直到清华校方又发电报来问他为什么不回梅校长，他才得知之前梅校长发过电报，可那时他已经往蓝田师院赴任。

两封信都失踪得这么凑巧，他是聪明绝顶的人，马上就明白了其中缘由。对于重聘钱钟书这件事，时任清华大学外文系主任的陈福田和叶公超竭力反对。吴宓虽然愤愤不平，斥责他们度量不广，却也无计可施。何况，钱钟书心高气傲，也不愿置身于不受欢迎的地方。

晚年的钱钟书闭门谢客，淡泊名利。他去拜访恩师吴宓。吴宓喜上眉梢，毫无芥蒂，拉着得意门生谈解学问、下棋聊天、游山玩水。钱钟书深感自己的年少轻狂，红着脸，就那篇调侃毛彦文的文章向老师赔罪。吴宓却大笑着说，他早已忘记了。忘记与否不重要，重要的是，多年以后，闲坐的时候，他们还能谈笑风生。

后来，钱钟书忽然接到吴宓女儿的来信，希望他为其父遗作《吴宓日记》写序，并寄来了书稿。钱钟书欣然答应，不仅回信检讨了自己年轻时轻狂的行为，还在《吴宓日记》序言中谦恭地写道：我愿永远列名吴先生弟子之列中。师生各自的人格风范，跃然纸上。

吴宓真诚大度，钱钟书磊落坦荡。说是师生，其实早已是知己。清高也好，狂狷也好，在吴宓看来，都是钱钟书该有的姿态。多年以后，那些往事纠葛都成了岁月尘屑。留下的，是推杯换盏时的云淡风轻。

抖落尘埃，他还是那个笑傲红尘的才子。远离喧嚷，以文字为酒，他的孤傲与清冷，都显得自然而然。他写《围城》，他写《管锥编》，他写《写在人生边上》，当然，他也写清风明月和悲欢离合。就这么写着，就到了夕阳晚照的时候。许多往事已然模糊，但有些东西却不曾改变。那便是风骨。

胡适：一蓑烟雨任平生

莫听穿林打叶声，何妨吟啸且徐行。
竹杖芒鞋轻胜马，谁怕？一蓑烟雨任平生。
料峭春风吹酒醒，微冷。山头斜照却相迎。
回首向来萧瑟处，归去，也无风雨也无晴。

民国风姿

乱世之中，生命总是没有着落。抬眼就能看到无数彷徨无际的身影，在烽火连城的岁月里，不知身在何处，不知路在何方。那是迷惘与醉意共存的时代，无数人瑟缩着身躯，以尘埃的姿态，丈量生命的宽度和厚度。

苦楚迷离也好，躁动浮华也好，都成了过往。多年以后，人们记得的，只有那些熟悉的名字和往事，以及那些岁月尘屑里的悲欢离合。有过那些人和事，民国才在不安与寥落中，透出几分温存与写意。

恍惚之间，看到了他的身影。永远是那样，淡然的微笑，仿佛不曾有过浮沉起落；永远是那样，悠然地来去，仿佛不曾经历风雨洗礼。他被无数人骂，骂得体无完肤，却始终保持着最初的恬淡与清雅，继续他的文化羁旅。圆融与通达，谦和与冷静，是他的性情。几分不温不火，化解了世间无数的非议与指摘。对于生活，他是很高明的。

我说的是胡适，也就是胡适之。就像他的名字那样，他懂得适者生存的道理，所以，许多时候，他选择恬淡度日，无论世事如何变迁，始终不改的，是心中的从容淡定。行到水穷，坐看云起，就是他的态度。

胡适的父亲胡传，中过秀才，当过知州。他最后的官职是台东知州，相当于现在的地市级。在清朝的台湾，这个官职不算小，但他更闻名于世的是诗才。胡适曾谦逊地说自己不会写诗，《尝试集》那类白话诗也确不以文采见长。但是胡传，却是个不折不扣的诗人。

在万马齐喑的晚晴，胡传曾写下这样的诗句："仰视飞云天外起，酒酣愁听大风歌"，狂放而飞扬。然而，在胡适绚烂的文学冠冕上，我们找不到他父亲的名字。胡传不甘心做个吟诗作赋的文人，所以，在台湾刚刚建省的时候，尽管许多大臣都认为那是个蛮荒瘴疠的苦地方，他却主动请缨，离开怀孕待产的妻子，踏上了茫茫海路。

"华严世界，任凭我，踏遍云山千叠"，毕竟只是文人的热血沸腾，整个末代王朝已经风雨飘摇，所有的气吞山河也便没了意义。中日甲午战争打响，胡传征募兵勇、守卫台东，但他的剑还未出鞘，就被光绪皇帝割让台湾的诏书冻住了。皇帝的旨意是，所有的在台官员必须内渡，将台湾交给日本。胡传拒绝奉旨，做了封建文人最大的反抗。他四处奔走，募兵保台，又徒步行走到台南，衣衫褴褛，面见黑旗军老将刘永福，以书生之身要求参战。

或许，胡适身上那打破千年文字八股的躁动血液，就流动在他父亲喷薄的脉管中。只不过，印象中的胡适，倒没有乃父踏遍云山千叠的气势。他更多的，还是温文尔雅。

后来，胡传病倒了，被刘永福护送回到厦门，不久死于时疫。据说，胡传的家乡流传着他战死沙场的传奇，也许战死是胡传最美丽的神话。他壮硕的身躯，停歇在南国的红色土地上，仿佛关于历史和未来的无字之书。

那年，胡适还很小。而他的母亲，则是妙龄少妇。遥想娇妻幼子倚门而望，胡传眼中定是满含泪水。那是失意诗人的泪水，是丧失国土的官员的泪水，更是一个丈夫和父亲的泪水。无论如何，他寂静地走了，留给胡适的，只有那些冰冷的年月，和看不清楚的前路。

胡适动笔写下《文学改良刍议》的时候，想必定会忆起父亲。当书生报国只如南柯之梦，文学就不得不站起来，拯救民族的生命力。这是倔强的坚韧，坚韧中也有淡淡的悲哀。最初，胡适大概不会想到，在父亲去世六十多年以后，他又踏足台湾。父子两人的生命，都在台湾画上了奇特的圆。也许，只是巧合。

胡适，这温和的文人，还有很长的路要走。他是行走在文化中的人，必然要在亘古而冗长的历史中，寻得生命真意，领悟聚散得失。荒烟蔓草，世事如烟，他都要冷静面对。

胡适 5 岁启蒙，在绩溪老家受过几年私塾教育，打下了很好的古文基础。后来在上海的梅溪学堂、澄衷学堂求学，初步接触了西方的思想文化，受到梁启超、严复思想的影响较大。

年少的胡适，已是文采斐然。14 岁的时候，他用白话文写的许多文章在《竞业旬报》上发表，于是他被该报聘为编辑。后来，他考入了中国新公学。

他仍在路上。或者说，他始终在路上，如世间所有人。人生，本就是漫长的旅程，风雨的前方仍是风雨，道路的前方仍是道路。不到最后，谁也不知道，何处是归程。

走着走着，他走入了烟街柳巷。这是令人很意外的。胡适给人的印象，总是严谨而老成、理性而节制的。但是年轻的时候，他也曾放肆不羁。依胡适现存的文字材料来看，他生平狎妓经历，不能说十分频繁，但也实在不算少。

1909 年 10 月初，胡适所寄身的中国新公学解散。突然之间，胡适感到生活无所依靠，精神无所寄托。那时候，母亲病倒，亲人亡故，仅剩的薄产，兄弟还要分家，家事可谓败坏到了不可收拾的地步。年轻的胡适，颇觉得前途渺茫，忧愁烦闷的时候，选择了放浪形骸。于是看戏、打牌、逛窑子成为他排遣自己的三大方式。这些事，在胡适的日记中多有记载。

旧时的秦楼楚馆，是文人们极喜欢的去处。当年的柳永，就曾长年流连其间，自认白衣卿相，说是奉旨填词，却不得不在风尘之间黯然度日。柳永死的时候，家无余财，妓女们合伙出钱安葬了他，并于每年的清明节，青楼女子集体去他坟上吊唁。谁能想到，青楼女子竟也可以这样有情有义？只是，从此以后，那样的盛况再没有

▲ 胡适，北京大学英文学系主任（由中国第二历史档案馆提供）

出现。当然，柳永这样的词人，也再没有出现。

胡适虽然徘徊勾栏，终究没有沉沦。彷徨以后，他梳理了自己的人生。于是，默然离开了那个魅惑迷离的地方，回到了乱世的风烟里。1910 年，胡适考取“庚子赔款”第二期官费生赴美国留学，于康奈尔大学先读农科，后改读文科。1915 年入哥伦比亚大学研究院，师从哲学家杜威，接受了杜威的实用主义哲学，并终生服膺。1917 年完成博士学位论文《古代中国逻辑方法之进化》。

回国后，胡适任北京大学教授，加入《新青年》编辑部，撰文反对封建主义，宣传个性自由、民主和科学，积极提倡“文学改良”和白话文学，成为当时新文化运动的重要人物。从 1920 年至 1933 年，他主要从事中国古典小说的研究考证，同时也参与一些政治活动，并一度担任上海公学校长。

胡适兴趣广泛，著述丰富，作为学者他在文学、哲学、史学、考据学、教育学、伦理学、红学等诸多领域都有深入的研究，传奇般地获得过 35 个博士学位。著有《白话文学史》《中国哲学史大纲》《尝试集》等。甚至，他还曾获得诺贝尔文学奖的提名。

如果只是舞文弄墨，或许就可以过得清淡。但若是那样，他就不是人们熟悉的胡适。尘世间，他有许多的朋友，也曾有许多把酒临风的日子。但他，终究不甘寂寞，走入了政治的圈子。如果不是选择了这样的人生，他就不会承担那么多的骂名。但是没办法，他毅然地走了进去。

他说，宁鸣而死，不默而生。风雨也好，寥落也好，他都坦然接受。他有他的恬淡，也有他的倔强；他有他的寂静，也有他的洒脱。无论世人如何评说，他的态度总是那样，不卑不亢，不怨不悔。也许，这就是民国文人的风姿。

多情似无情

民国时期，虽然时光凌乱，却并不缺风花雪月。试想想，如果没有那些才子佳人的故事，整个民国的浪漫与诗情，又将由什么来支撑呢？从来都是这样，窗外是兵荒马乱，窗内是诗酒年华。这并不矛盾，爱情有着奇异的生命力，可以在尘埃里生出，也可以在乱流里长成。

胡适生平，有过不少绯色的故事。在乱世的天空下，营造了数段亦真亦假的爱情。他给人的印象是思想方面的激进者，同时又是个人情感方面的保守名士。但其实，人们误解了他。他的骨子里绝对是个多情才子。在他保守的外衣下面，隐藏的是婉约的柔肠。

留学回国以后，胡适声名远播，而且风度翩翩，他上课的时候，看到女生坐在窗边，寒风吹进来，他会很细心地走过去替她把窗户关上。与女孩子们相处，他总是谈笑风生，幽默风趣。因此，许多女孩子苦苦追求他，写来许多情真意切的情书。可以想象，周旋于红袖之间的胡适，定也有几分醉意朦胧。

当然，这些不过是岁月陈迹，并不能称之为爱情。才子风流，在人间不足为奇。而那些能称得上爱情的，却又在悄然间零落成尘，让人徒然叹息。

在美国留学的时候，胡适结识了画家韦莲司。尽管韦莲司比胡适大六岁，还是成了他交往 48 年的红颜知己。在胡适的心目中，韦莲司是新女性的理想典范。他对她的评价是：人品高，学识富，极能思想，高洁几近狂狷，读书之多，见地之高，寻常女子无法望其项背。对于初探 风情的胡适来说，韦莲司显然是从未见过的风景，所以这 张的成分。但他对这段爱情的珍视，却没有

，尺牍传情，双方都深深地欣赏和爱 吸引着胡适，两人在朝朝暮暮的叙 ，正在纽约艺术学校读书，胡适 艺术、谈论天下国家的大事，

时常通信。从相识到胡适 ，纵然爱得深沉，也难 莲司的母亲也反对异国 人眼中，华人的地位十分

此后， 。隔着山高水远，所有 首《临江仙》仍旧清晰：

隔树溪声细碎，迎 ，君替我簪花。

更向水滨同坐，骄阳有 香鸦。此时君与我，何处更容他？

转眼间，几十年便过去了。爱恨情仇，离合聚散，渐渐模糊成散漫尘埃。但人们都知道，韦莲司终身未嫁，独守着那场异国爱情，直到垂老，直到迟暮。胡适去世九年后，韦莲司在一个小岛上孤独地死去，遗物里完好无缺地保存着胡适给她的书信。胡适大概也悲伤过，只是隐藏得甚好，少有人看出。

而且，他的故事太多，于是连悲伤也显得很不分明。但他曾经在诗里这样写道：醉过才知酒浓，爱过才知情重，你不能做我的诗，正如我不能做你的梦。词句虽清淡，伤感却尽在言中。

韦莲司之后，才女陈衡哲走入了胡适的世界。陈衡哲是湖南衡东石湾人，出生于武进。其祖父陈梅村是清朝进士，父亲担任过清朝的官吏。她 1914 年考入清华学堂留学生班，成为清华选送公费留美的女大学生之一，她是中国第一位以西洋史为专业的留学生，中国第一个白话文小说家，中国第一位新文学女作家，中国第一位女教授。

当时，胡适在办一个留学生的杂志，陈衡哲就向他投稿，从实践上支持他的新文化运动。陈衡哲写了很多白话诗和白话小说，这让胡适感觉找到了知己。在短短半年时间里，他们通了四十几封信。但这段缘分，也不过是刹那花开。至少看上去，没有多少纠结与悲感，他们就远离了彼此，有了各自的归属。

回国以后，胡适虽然成了婚，但是多情的秉性却丝毫未改。1923 年 4 月，胡适到上海参加研究新学制课程起草委员会的会议。休会期间胡适到杭州游玩，不久之后，他重逢了曹诚英。当年，在他与江东秀的婚礼上，作为伴娘的曹诚英，已被胡适记入了心底。

而他，本就是众多女性垂青的对象，曹诚英也不例外。

此后，他们开始通信，曹诚英给胡适写信，请求胡适指导她写诗和修改诗作。1921 年在杭州女师读书的安徽籍学生拟编辑《安徽旅杭学会报》，曹诚英自告奋勇，请著名教授胡适为她们编辑的报纸写发刊词。胡适很爽快地答应了她的要求。

西子湖畔，如约相见。故事的开始，明朗而诗意。不管结局如何，那些西湖边上对影成双的画面，永远在他们心中。那些天，曹诚英始终陪伴左右，两人的感情急速升温。临别时，胡适还写了首《西湖》，其中有这样的句子：前天，伊却未免太绚烂了，我们只好在船篷阴处偷觑着，不敢正眼看伊了。

世人都知道胡适多才，知道他谦和内敛，却不知道，他的笔下有这样旖旎的文字。多情才子，他配得上这样的称号。乱世风月，从不缺少主人公，缺少的是携手的似水流年。胡适所倾心的女子，最终都不得不离开他的世界，纵然心有挂牵，终究无法得到完满。人间的故事，本就没有多少月圆花好。

不久之后，胡适回上海出席复会，期间两人书信不断。会议结束之后，胡适再度来到杭州，在烟霞洞租了房住下。当时杭州女师也放暑假，曹诚英就以陪胡适养病为名，到烟霞洞陪伴胡适。拿此时胡适所写的诗来说，就是情到深处，已成驱不走的魔。当心头的人影吹不散，爱情就只剩下悱恻缠绵。

甚至，他们有了结晶。三个月后，胡适回到北平，向江冬秀提出离婚。江冬秀以杀死两个儿子相威胁，胡适便只有委曲求全，不敢再提离婚之事。曹诚英也只好堕胎。从此，她再也没有嫁人。

后来，曹诚英赴美就读于康奈尔大学农学院。获得硕士学位回国后，先后在安徽大学和复旦大学任教。尽管对胡适的痴情不改，但她终于还是明白了，他们的故事，注定以悲凉收场。纵然可以鸿雁往来，那些美丽的从前，却终究沉入了岁月，渐渐无处打捞。她死心了。

所有的遇见，都因离别而有意义。

但是人们，还是在故事里，时常说起天长地久。

简单幸福

曾经，胡适被认为感情贫瘠，在他去世后，蒋介石称他为新文化中旧道德的楷模。但其实，他的感情世界是异彩纷呈的。随着当年那些文字和信件逐渐出土，许多故事浮出水面。人们多了不少谈资，而他已经去远。当然，即使是活着的时候，他也从不在意别人的指摘与贬斥。为自己而活，这就是他的态度。

我们自然不能因为几段若有似无的陈年旧事就对他的人生盖棺定论。惊才绝艳之人，若无丰富情感，人生便也少了许多趣味。事实上，即使是那些往事被不断掀开，他仍旧是印象中那个谦逊坦荡的才子，仍是许多人心中的大师。

拿得起，放得下，这就是胡适。看上去，他可以将人生与爱情

▲ 胡适，出席中国太平洋学会代表（由中国第二历史档案馆提供）

处理得恰到好处。每段故事，开始的时候纵然美如画卷，只要觉察出有陷落的危险，他就会退身而出。这势必会让那些红颜知己黯然神伤，但也没办法，他的世界里，没有落地开花的爱情。洒脱也好，无情也罢，他要的，就是最初的欢悦。至于最后，他无暇顾及。

有时候觉得，民国虽然是风情万种的年代，不缺诗情画意，不缺才子佳人，却缺了几分厚重与安定。整个时代都摇摇欲坠，身在其中的人们，对于人生，对于爱情，也似乎少了些虔诚，多了些随性。只不过，如果这算是瑕疵，也绝对改变不了那些漂泊年月的醉意翩跹。

胡适是个热心人，喜欢成人之美。他先后为四对名人做媒与证婚，他们分别是赵元任和杨步伟、千家驹与杨梨音、沈从文与张兆和、徐志摩和陆小曼。很多时候，胡适为能促成别人的爱情而快意。但是，为徐志摩和陆小曼点鸳鸯谱，却让他尴尬不已。

他曾经说，陆小曼是旧北京一道不可不看的风景。据说，当年他们曾走得很近，只是因为胡适的犹豫和退缩，陆小曼才转向了徐志摩。刘继兴在《胡适遗稿及秘藏书信》里，发现了陆小曼写给胡适的六封信，里面就有这样的句子："我还有时恨你虽爱我而不能原谅我的苦衷，与外人一样地来责罚我，可是我现在不能再让你误会我下去了，等你来了可否让我细细地表一表？"足见两人关系非同寻常。

此外，民国才女徐芳也曾苦恋胡适。她被许多人追逐，却把初恋的全部真情给了胡适。她给他写了许多信，以炽烈的字句倾诉了自己的情感。没有人知道，胡适是否对她动心。知道的是，后来两人渐渐断了联系。人们戏说，一见杨过误终身；原来，遇见胡适也是件麻烦事。

或许是因为这些故事悲凉中的美丽，胡适的婚姻就显得不尴不尬。说起这些看上去翩然的爱情，人们总忍不住对胡适的夫人江东秀大加指斥，说她跋扈，说她彪悍，说她小脚，说她大字不识。想必，这女子脾气的确不好，也没有多少文化。但就是她，陪着胡适走到了最后。或者反过来说，胡适不曾弃她而去。

世间满目艳红，他心动过，也流连过，但是到最后，他还是回到了她的身边。或许她爱她不似其他女子，但是几十年后，他们仍旧伴着彼此，爱的深浅，实在难说得很。她不是窗前明月，也不是朱砂痣，却是他的田家小院，让他有地方可退。胡适在国外多年，而且奉行自由主义，假如真的对她无爱可言，恐怕不会与她不离不弃。

仔细看去，他们之间的故事，虽然不浓烈，却也有几分小桥流水般的雅致，远不似世人印象中那样苦涩。胡适回国之初，去江村见自己的未婚妻，江东秀却羞涩地躲入了帐中，胡适虽然觉得尴尬，却也不好强来。回去后写词记述了当天的事情；结婚后的次年，胡适与江东秀在北京寓中夜话，说起这段往事，又做了词：

他把门儿深掩，不肯出来相见。
难道不关情？怕是因情生怨。
休怨！休怨！他日凭君发遣。

天上云吹风破，月照你我两个。
问你去年时，为甚闭门深躲？
谁躲？谁躲？那是去年的我。

许多人都以为，胡适娶了江东秀这个小脚女人，日子定是无味和空虚的。在人们的想象中，他们的生活应该是灰暗的，甚至是鸡飞狗跳的。但其实，那些平淡的日子，也是意趣横生。你为我烹茶，我为你写诗，所谓幸福，不过如此。

为了讨胡适的欢喜，也为了拉近彼此之间的距离，江东秀认真地学习文化。后来，身居两地的时候，她们就写信给对方。起初，江东秀还怕胡适嘲笑自己，在胡适给了她许多鼓励后，她给他的信就多了起来，虽然错别字不少，她也不再自卑。在信中，说着家长里短，思念溢于言表。假如胡适真的对江东秀不屑，或者说心有厌恶，他大概不会在闲暇时读着她的信或欢喜或感伤了。

江东秀没见过世面是真的，但她又很是明朗直率，胡适喜欢她这样的性情。所以，他对她也很包容。胡适生病，江东秀听说西医治病要用专用电器，觉得很恐怖，要胡适千万不可看，如果是徐志摩，大概就会讥讽她没见识了，胡适却只是淡淡地说 “我听你的话，不医了。且等你我同来北京时，再说罢。”

有一段日子，胡适没有收到江东秀的信，胡适就写信问：“你为何不写信给我了，我心里很怪你。我不知你心中想什么。你知道我心中想什么吗……” 信末又说，窗上的月亮正照着我，可惜你不在这里。些许肉麻，却又满是幸福。

可以说，江东秀是崇拜胡适的。世人都说她蛮横跋扈，她却可以在他的世界里小鸟依人，这是让人意想不到的。当然，为了守卫自己的婚姻，她难免在某些时刻显出霸道与泼辣，这并不能打破他们如水的年光。

为了爱情，她愿意做许多事。鲁迅当年在日本，也曾要朱安进学堂、放足，朱安的回答是，脚已经放不大了，妇女读书不大好，进学堂更不愿意。相比之下，江东秀很不简单。虽然学问浅陋，但她愿意做添香红袖，给胡适乱世荒年的温暖。所以，他珍惜她，从始至终。

江冬秀不会像胡适那样写诗，她只是接连为他生了三个孩子。若干年后，江冬秀近乎缅怀地写信对胡适说，想我们那些年，多么的好。至于怎么个好法，她没说，大家也可以想得到。

1940 年，胡适曾收到江冬秀寄给他的一件绛红色的棉袄，他穿上后把手插在口袋里，触到一样东西，他拿出来一看，是个小纸包，打开来，里边是七副象牙挖耳。胡适说："我看了，心里有点说不出的感情。我想，只有冬秀想得到这件小东西。"

可以想象，那些平淡的日子，他们总会在悄然间给对方以惊喜，然后继续携着手，穿过漫长岁月。细节决定成败，人生如此，爱情也是如此。能想到那些小细节，并且清淡地演绎，这样的人，是体贴和灵慧的。她在他心中，就是这个样子。

幸福的家庭都是相似的，柴米油盐取代了风花雪月，还能待彼此如初，这便是最大的幸福。这世上，多的是清朗如月的最初，少的是不离不弃的最后。刹那莲开虽美，终究不如执手到老来得实在。

▲ 胡适（左），中华教育文化基金副董事长、美国教育家孟禄博士（右）。（由中国第二历史档案馆提供）

荷戟独彷徨

胡适交游甚广，文人雅士，贩夫走卒，他都愿意结交。在他的世界里，似乎从来都没有高低贵贱之分，只有真假善恶之别。与朋友相处，他始终保持着真诚与谦和。对穷困潦倒的人，他接济金钱；对沉沦迷惘之人，他晓以大义。后来，“我的朋友胡适之”竟成了文化界的典故。

但他又仿佛永远都在独行。在他温厚恬淡的外表背后，隐藏着倔强和自我的性情。最初，人们看到的是他淡然的微笑；后来，人们看到的是他笑看风云的身影。穿行于乱世风雨的时候，他的身边并无旁人。这样的踽踽而行，或许孤独，他却不在意。民国风情，除了花前月下与诗酒流连，应该还有疏狂与傲然。

1962 年 2 月 24 日，胡适在台湾去世。他说，挨了四十年的骂，从来不生气，并且欢迎之至。这样的大师，竟然是在无数人的口诛笔伐里离开人世的。唏嘘之余，突然发现，世间无论是谁，都做不到万全，再华丽的人生，也总是褒贬同在。

先是犀利的鲁迅骂了起来。原本他们都是新文化运动的旗帜性人物，胡适倡导文学革命，以白话诗、白话文叱咤学界；鲁迅则以短篇小说《狂人日记》《阿 Q 正传》享誉文坛。他们都是扛着文学大旗战斗的人，在反对旧道德、旧礼教，提倡科学与民主等方面，观点是相似的。但是随着新文化运动的分化，两人渐行渐远，昔日的战友渐渐成了形同陌路的论敌。

泰戈尔应邀来华访问，鲁迅很是不屑，他写文章讽刺了徐志摩等人，对胡适也不乏讥诮。两年后，鲁迅与陈西滢发生激烈论战，字里行间斜刺胡适，因胡适与陈西滢同属“现代评论派”。鲁迅讥讽和影射胡适的文章，在 1925 年写作的《华盖集》和之后的杂文中，可以看到许多。

1922 年 5 月，逊帝溥仪接见了胡适，当时鲁迅并没有说什么。到了 1931 年底蒋介石召见胡适后，鲁迅在《知难行难》一文中写道："中国向来的老例，做皇帝做牢靠和做倒霉的时候，总要和文人学士扳一下子相好。做牢靠的时候是偃武修文，粉饰粉饰；做倒霉的时候是又以为他们真有治国平天下的大道。当宣统皇帝逊位逊到坐得无聊的时候，我们的胡适之博士曾经尽过这样的任务。博士曰，他叫我先生，我叫他皇上！"

讽刺到这个份上，胡适还是选择了不驳不斥。他的骨子里，既有我行我素的性情，又有心如止水的淡然，所以面对指责与谩骂，他总能以平常心化解。

后来，日本侵占东北，全国人民群情激昂，纷纷要求政府与日本绝交，对日宣战。胡适却于此时站出来唱低调，泼凉水，主张冷静应对，与日本直接交涉，为了保全东北主权，不惜屈辱地承认日本开列的五大条件。两年后，他在日本报刊发表文章，提醒日本人不要轻视四亿中国人的仇恨，不要因轻举妄动而毁灭日本民族光荣的过去和伟大的前途。因此，鲁迅骂他出卖灵魂，是日本帝国主义的军师。

大概是读书人的迂腐，在外寇战火烧到家门的时候，还希冀着用和平来解决问题。但他，绝对不似所承受骂名中那样不堪。面对山河破碎，他也是心急如焚。只因他知道苦战之路太惨烈，才希望用温和的办法来熄灭战火。悲天悯人是他，立身潮头也是他。至少，在举国汹涌澎湃的浮躁激情中，他是理性的。虽千万人吾往矣，这是他的选择。纵然千夫所指，万众唾弃，负汉奸之名，他也甘愿。这是他对民族的责任，人们误解了他。

对于包括鲁迅在内的左翼作家的抨击以至谩骂，胡适非常大度，他的做法是，不理会，更不生气。遥遥看去，竟有老僧不闻不问的淡定。面对讥嘲与谩骂，这大概是最恰当的做法。任凭风吹浪打，我自岿然不动，于是万事也就默然成空。

我们迄今未见胡适回骂鲁迅的文字。更难得的是，当鲁迅遭到无端谩骂、人身攻击时，胡适反而出来为鲁迅辩解。鲁迅逝世后，出版《鲁迅全集》遇到困难，鲁迅夫人许广平给胡适写信求援。胡适连忙参与，马上联系商务印书馆。可惜因商务印书馆被日寇的炮火炸毁，致使当时出版未能如愿。

这样的胡适，却承受了无数的骂名。世间之事，就是这样费解。个人主义和自由主义，到最后就成了独行天地间的寥落，还有数不清的口诛笔伐。让人羡慕的是，那淡定的文人，始终不动如山。

1949 年，文化名人多留大陆，胡适却选择了离开。他去了美国，若干年后又到了台湾。经过乱世中几十年的辗转，最终他回到了起点，再也没有离开。

尽管胡适选择了跟随蒋介石，但是他们在政治上的观点却大相径庭。开始的时候，蒋介石敬重胡适，后来渐渐开始防范，继而在日记里开骂。1958 年，胡适回台湾就任“中央研究院”院长。在就职典礼上，蒋介石希望胡适配合当局早日完成反共抗俄的使命，胡适在答词时并未领情，反而当场指正蒋介石的看法。龃龉越来越深，胡适在蒋介石的笔下，终于成了这副模样：害民族文化之蟊贼、卑劣之政客。

选择了特立独行，也就选择了形单只影。胡适是这样的人，不苟同流俗，不随波逐流，不人云亦云。对任何事情，他都有自己的观点，

并且忠诚于自己的观点。谩骂也好，攻击也好，他从不退缩和闪躲。谄媚奉承，唯唯诺诺，不是他的性格。

也因为如此，无论是国民党还是共产党，都不怎么待见他。国民党骂他是思想上的敌人，共产党骂他是反动阶级的忠臣，人民的敌人。这个洒脱的文人，在两难的境地里，或许也曾矛盾过，却从未改变独行本色。

在 1949 年之前，无论在文化界还是政界，胡适可谓是举足轻重，不过 1949 年政权更迭之际，他选择了离开，坐上了蒋介石派来的专机离开北平，旋即从上海前往美国开始了流亡生涯。从此，他成了无数人心中的敌人。

1954 年开始了批判胡适的运动，他从学界泰斗突然间变成了声名狼藉的人物。中国科学院和中国作家协会也共同成立了专门批胡的机构，在郭沫若的领导下，相关出版社出版了《胡适思想批评》八辑，约 200 万字。

在几个月的时间里，发表的批判文章不计其数，火力之猛烈和集中，简直叹为观止。胡适内心的想法我们不得而知，不过他表现出来的是波澜不惊。他不但看完了所有的批判文字，并且在有些地方做了富于谐趣的批注。当骂名被当做玩味的对象，叫骂与喧嚣也就黯淡了下来，然后，整个世界也黯淡了下来，只有灯光下他的身影，清晰可见。

胡适是心怀慈悲的人，承受了无数骂名，却并没有心存怨恨。他说，“我从来不怨恨骂我的人。有时他们骂的不中肯，我反替他们着急。有时他们骂的太过火了，反损骂者自己的人格，我更替他们不安。如果骂我而使骂者有益，便是我间接于他有恩了，我自然很情愿挨骂。”泰然自若如斯，虽无横眉立目，却已飘然如风。

原来，他是荷戟独彷徨的战士。

烟雨任平生，是他的选择。

徐志摩：春花秋月何时了

帘外雨潺潺，春意阑珊。罗衾不耐五更寒。

梦里不知身是客，一晌贪欢。

独自莫凭栏，无限江山。别时容易见时难。

流水落花春去也，天上人间。

云水之恋

总是这样，我们希望人生阳光普照，却又期待着故事百转千回。仿佛，不如此人生便是有缺憾的。只是，经历过之后，才会明白，任何起落有致爱恨交织的故事，都不过是浮世烟云，时过境迁以后，只剩下荒草与叹息。这世上，没有完满的人生，也没有完满的爱情，有的只是变幻莫测和流离辗转。

民国更是如此。整个世界都理不清头绪，灯火世事，阡陌人烟，都在混乱不堪的画面里摇晃不止。所以，张爱玲说，乱世的人，得过且过，没有真的家。在颠沛流离的路上，有人走得洒脱，有人走得萧索，徐志摩属于后者。

他永远是那个模样，温雅而安静，感伤而痴情。民国文人大都有几分痴情，也因为这样的痴情，整个民国的情感天地才那样具体而厚重。徐志摩说，他将在茫茫人海中寻访唯一的灵魂伴侣，得之是幸，不得是命。然而，后来他遇到了陆小曼，却落得满心悲凉。世间之事往往如此，得到与失去，幸运与不幸，很难说清。得到可以是水流花谢，失去可以是云淡风轻。世事无常，就是如此。

那年，西湖之畔，胡适与曹诚英卿卿我我的时候，徐志摩也来到了这里。只是，胡适当时醉在爱情里，正是春风得意，徐志摩却是满腹悲伤。只因，他不远万里追寻着那人的脚步而来，而那个叫林徽因的女子却选择了别人。他的痴情，只换得她的转身天涯。

于是，他带着诗人的那颗悲切之心，来到了西湖，盼着那些天光水色能释去些许烦忧。在这里，他遇见了好友胡适。这两个人，你有你的浪漫，我有我的实用，却是人间难得的知己，同游西湖，饮酒赋诗，倒也是情致无边。

当然，在那里，徐志摩还偶遇了其他好友，如陶行知、朱经农、瞿菊农等人。这些文人相聚，画面便有了几分古雅的诗意。畅游山水，诗酒流连，最是写意。可惜，即使是身边有知交相伴，徐志摩仍是心境惘然。他总会想起那个身影，继而想起那场康桥的绝恋。

林徽因，假如这世间没有她，徐志摩的故事或许会少了许多浪漫色彩，而他在康桥的时光也会黯然失色。但是有了她，徐志摩的往事也就有了许多悲情色彩。尽管如此，徐志摩还是痴痴地念着那个名字，直到地老天荒。他是真正的诗人，对于爱情，有着天生的执念，纵然落得心事成灰，也不愿轻易放手。

那个秋天，林徽因出现在徐志摩的世界里，见面的刹那，只如乍起的微风，吹皱平湖的秋水。青春时节的林徽因，清丽而明净，徐志摩怦然心动，然后急速沦陷。当然，这少女的心事，也被徐志摩温文尔雅的气质所打动。故事的开头，美得让人绝望。但越是如此，当往事随风而去的时候，冰冷的结局也就越让人唏嘘。

不管怎样，相识之后，他们就双双落入了情网。人间仍如平素般宁静，而他们各自的世界却因为那场相逢而变得无比绮丽。后来的日子，他们经常携手穿过伦敦的大街小巷，从午后走向黄昏，从寂静走向欢喜。

爱到深处，徐志摩选择了与张幼仪离婚，虽然因此被无数人视作无情，却是无怨无悔。或许，这就是民国文人的姿态，纵然千夫所指，纵然风雨飘零，也要随自己的心念而走。虽千万人吾往矣，真需要几分勇气和决绝。徐志摩，感伤之余，其实是很任性的。

然而，突然之间，故事就染了风霜。当徐志摩意气风发地从柏林回到伦敦，林徽因却已回了国，甚至没有留下只言片语。于是，整个城市仿佛陷入了暗夜，康桥的清浅故事成了徐志摩悲伤的理由。漫长的等待后，林徽因也没有从远方赶过去，为他亮起灯火。于是，他做出决定，离开伦敦回国。

这个伤感的诗人，很多决定都像是随性而发，甚至可以说，他像个孩子。无疑他是极其感性的，可以为爱跋涉人间，可以为梦远走天涯。而同时，他又是极其自我的，不管会遇到怎样的冷风骤雨，总要遵从内心的感受，跨马而去。

每个人心中都或多或少有几分天真，只不过经历了世事洗礼，那份天真便被隐藏了起来，人们很少将它晾晒在日光下，于是不断地走向世故，走向所谓的中庸，最初的单纯个性被磨得血肉模糊。只有少数人在经历过尘世风雨之后，仍保持着当时的明净与率性。他们仍能站在月光水岸，看流水中掩映着的静默人间。这样的性灵，构成了人群之外的独特风景，却又饱受世人冷眼，着实让人感叹。

对于徐志摩来说，为爱走天涯，要比在爱情面前徘徊不定要磊落得多。无论结局如何，他都要给那场爱情一个像样的交代。痴情如他，悲情如他，那些指摘与贬斥，早已失去了意义。

但是林徽因，并未因为他行遍千山万水的追寻而改变心意。他走向了梁思成，为自己的人生做了极为理智的选择。尽管徐志摩早已在她心中留下了无法抹去的印迹，但她更愿意让自己成为徐志摩心中永远的朱砂痣，而不是月下添香的绿衣红袖。她要的，是实实在在的生活。

与梁思成相守，也许在许多年以后，林徽因也会认为这样的归宿虽然不完美，却很踏实。徐志摩能让她的心灵颤动，给她铺开五彩的梦境，但是经过时间的沉淀以后，她发现，那些华美的东西，可以点缀生命，却不能让她的心安定下来。而梁思成恰好能给她平静。

与徐志摩相比，林徽因虽然也能在如诗如画的情境里沉醉，但她能很快醒转，对梦里梦外的一切进行细致的考量，然后决定走怎样的路。她终究是很理性的。而徐志摩，很多时候活在梦里，不管人世几多凄风暮雨。

云水之恋。徐志摩与林徽因，大概只能如此。他们的相逢，可以让整个人间显得华丽而明媚。可是转念想，若他们真的牵手，面对柴米油盐、锅碗瓢盆的世俗生活，时光是否还能如当初相见时那般静美？如此看来，云水相望，倒也是不错的结局。

但是对于痴情的人来说，爱情深入心底，相见却不能相依，便是无边的怅惘。那时候，徐志摩被梁启超安排在北京松坡图书馆工作，他经常能见到林徽因。然而，那女子的身边却总有梁思成伴着，徐志摩的心事可想而知。悲伤无法言说的时候，他也只能写几首诗聊以自慰。

1923 年，徐志摩在北京参与成立了新月社。社名是徐志摩根据泰戈尔的《新月集》所取的。先后参与新月社的人有徐志摩、胡适、梁启超、陈西滢、凌叔华、林徽因等人。因为新月社，便有了后来的新月派，而徐志摩和林徽因是新月派的代表。在新月社的活动中，徐志摩可以经常见到林徽因，却也是咫尺天涯，滋味很不好受。

所以，他来到了西湖之畔。却没想到，再美的云水，也只能点缀诗情，却不能化解愁怨。第二年，泰戈尔访华，徐志摩陪着他重游西湖，这位历经风霜的老人，倒是以高超和谐的人格，为徐志摩不安的性灵带去了些许安慰。

那天晚上，徐志摩在西湖海棠花下写了一整夜的诗。那夜，风轻云淡，尘世的纷争与苦楚都消隐不见，整个世界仿佛只剩他自己，与西湖的云水对饮。他是真的沉醉了，只不过，偌大的人间，醉与醒，幻与真，往往是没有界限的。

甚至，悲伤与欢喜，也只在一念之间。不久之后，在北京天坛草坪集会，泰戈尔登台演讲，林徽因搀扶着他，徐志摩为他翻译。一个长袍银须的老者、一个郊寒岛瘦的诗人，一个人面如花的红颜，组成一幅有趣的岁寒三友图。或许，离得那么近，徐志摩也曾默然欢喜，但是想到乱世的人间，他们各有前路，却又是不自禁的心伤。

1924 年 5 月 20 日，徐志摩陪伴泰戈尔离京去太原的黄昏。他已经上了火车，林徽因就站在人群中。又是咫尺天涯，他们身处的地方叫红尘，那里人影灯影交织成迷离的离愁别绪。火车载着他去了他的方向，而她只在人群中轻轻地挥手，然后回到她的生活。

黯然销魂，唯别而已。他们终于还是走远了。此后的人间，纵然见面，也不过知己间的寒暄。林徽因或许也偶尔悲伤，但她早已将心事藏起，不说与谁听。他们的故事，早已落了尘，却还是时常被说起。说着说着，时光也就陈旧了。

人生如棋

生命总是充满玄机，我们在人海里相逢，又在人海里别离，生活为我们做好了选择，我们只是为那些相逢点上几滴墨，做上几处注脚，然后各自走向远方，各自天涯。

世间有很多条路可选，而徐志摩，选择了那条最孤独的路。那里秋风萧瑟、落木萧萧，但是他明净的心却为那冷落的所在，种下芳草斜阳，也种下盛夏湖光里的清荷、清秋山水间的云霞。他只是自由的行者，行经人间的风雨云月，在某些路口驻足，沉思远眺，摸出行囊里的月光与星光，独自饮下，然后继续上路，去向属于他的远方。

他不曾舍弃人间，人间也不曾舍弃他。可他就那样轻柔地来，洒脱地走，似乎从未经历过尘世的纷扰，从未遭遇过人间的雨雪。我们似乎只看到他花间月下的吟咏。只有他自己知道，在红尘的巷陌里独自行走时，是苦涩还是甘甜，是悲伤还是欢喜。

浙江省海宁县硖石镇。这里是江南，徐志摩来的地方。如果，他从未走出江南，那么他未必就是江南梦里翩然飞舞的蝴蝶，他的生命也未必就能如我们看到的那样华丽。江南的秀美，倘若缺少几分别离的忧愁、独行的寂寥，总是不甚丰满。我们总会想起杨柳岸那些送别的人们，捧着晓风残月执手相看的凄楚。这样的江南，才更带几分活色。

走着走着，他就远离了江南；走着走着，他就走入了荒凉。或许，他是天生的诗人，不管最初有过怎样的梦幻，还是在不经意间走了诗人的路。人间山重水复，而他挑落了荆棘，取走了路上最美的灯火。悠悠来去之间，不惊风，不惊雨，不羡云，不羡月。

徐家从明朝正德年间开始经商，到徐志摩的父亲徐申如手里，产业又有了很大发展。他曾任硖石商会会长，当年江浙商界集资修建沪杭铁路时，他就是股东之一。这个精明的商人，自然希望儿子能继承他的大业，在商界大展宏图。可是徐志摩，最终让父亲失望了。他走了一条不寻常的路，他带着父亲的梦想去了大洋彼岸，回来的时候带着的却是诗人的惆怅与悲伤。

对于徐志摩，有人说他痴情，有人说他绝情。或者大都因为那个叫张幼仪的女子。其实，他何尝不知道，抛弃结发妻子与别的女子相爱会遭受世人口诛笔伐？但他没办法，爱情是他的信仰，他愿意为此置身火海。他是温雅的诗人，总是那副清瘦模样，但是决绝起来却也是无人可以改变。

1915 年的秋天，徐志摩遇见了生命中那个无法回避的女子。她叫张幼仪。他们的相遇无所谓对错，但就在那个秋天里，他们在硖石商会盛大的婚礼上，被人们推着走向彼此，从此被一纸婚书牵在了一起。徐志摩很不乐意，但喜欢自己选择生活，厌恶被安排，却偏偏被放入了那样的情节。他只能等待，在某年某月，扯断婚姻的长线。

父母以及亲人们却始终认为，徐志摩与张幼仪是天造地设的。张幼仪的两位兄长，张君劢是哲学家，后来任民社党主席；张君劢后任中国银行的总裁。对于想要繁荣徐家产业的徐申如来说，这样的靠山何其稳妥！当然，张幼仪稳重贤淑，秀外慧中，也深得徐家人的喜欢。只是，他们不知道，徐志摩那颗诗性的心里面，期待着怎样的相逢。

在徐志摩心中，婚礼当天的情景几乎是这样的：就像走向一个幽暗的夜晚，伸手触不到月光，没有前方，只有一些杂乱的声音，只有一些混乱的灯火，伴着他纷乱的心绪。

不管怎样，他已是有家室的人。只是骨子里的任性与不羁，却是若隐若现。假以时日，就会悄然现身，斩断所有的犹豫和彷徨。

民国时期，在爱情面前举步不前的人虽然也很多，但是为了真正的爱情舍弃婚姻的例子也不少。封建帝制覆亡，那些捆绑人们几千年的横平竖直的规则失去了原有的力气。于是，生活变得开化，爱情变得恣意。只不过，永不改变的是，世事浮沉，岁月如冰。

这时期，对于徐志摩来说，除了结婚，还有一件重要的事，那就是1918年6月，经妻兄张君劢的介绍，他终于拜梁启超为师。当他终于以弟子身份站在一代宗师面前时，那清澈的目光、清雅的气质让文采满腹并经历过风雨的梁启超甚是满意。至少在初见面的一刻，他们对彼此都颇有好感，一个儒雅持重的大师，一个俊朗秀逸的青年，相谈甚欢。

我们却知道，这样的相逢只是为后来的故事埋下的伏笔。尘世间有个女子叫林徽因，有个男子叫梁思成。林徽因是徐志摩挂牵一生的女子，梁思成是她的丈夫，而梁思成是梁启超之子。命运的长线将他们牵绊在一起，又让梁启超成了徐志摩的老师。夹在中间的徐志摩，苦涩而无奈，无处言说。命运藩篱，竟是如此。

在徐志摩与林徽因相遇后的那个冬天，张幼仪来到伦敦，徐志摩将她安顿在离康桥六英里的沙士顿。她是带着无限的喜悦来到英国的，但是后来她很失望。不久后，她就知道了徐志摩与林徽因之间的事。对于张幼仪，徐志摩心中从未腾出多少空间来收藏她的爱情。但是她却是深爱着他的，可惜，她无力敲开他诗人的心扉。

终于，她带着身孕，落寞地离开伦敦去了柏林。几年的婚姻生活，她对他的性情很清楚，知道这场婚姻定会中途夭折。很显然，徐志摩之所以让张幼仪来到伦敦，绝不是为了让她照顾他的起居。

他是个天才的诗人，而真正的诗人在很多时候像是不食人间烟火的。此时的徐志摩，已经遇到了林徽因，这个女子让他无限沉迷。那么，他让张幼仪来到身边，便是想为那段莫名的婚姻，做个了断。

1922 年 2 月 24 日，在张幼仪产子后不久，徐志摩与她正式离婚。无数的指责与唾骂接踵而来，甚至是被徐志摩视为偶像的梁启超也写信表达了自己的不满。而徐志摩全不在意，又或者，为了爱情，他顾不了太多。到底，他是个唯美主义的诗人，活在自己的世界，至于世间的规则和人们的评说，他无心理会。冷眼也好，流言也好，都不过是尘世烟云。只有诗意与爱情，是最值得追寻和珍存的。这就是他的态度。

遗憾的是，所有的理想和期许，都会在苍茫的人间悄然寂灭。爱情亦是如此，开始的时候再美好，也终究敌不过流年。林徽因也好，陆小曼也好，都不能给那诗人完满的爱情。或许，在这世上，真正的诗人必然要悲伤寥落。

人生如棋，落子无悔。于这世界，每个人都只如尘埃，在飘渺而遥远的路上，走走停停，从不知彼岸在何处。人生的路，无法回头，选择了道路，也就选择了结局。其实，说到底，人生不过就是偶然与必然之间茫然的寻寻觅觅。

飘零尘网中

似乎，徐志摩总是在行走。他不是行走在自己心中那片自由天地里，而是行走在人间的昏暗灯火里。他可以听从自己内心的指引，任性地选择自己的路，但是他无法抗拒人世的凄风苦雨。命运如墙，使他无法抵达心中的完满境界。这世上，其实没有完满可言。往往是这样，走着走着，就走入了荒野，纵有彼岸，也不过是灯火阑珊。

总在想，怎样的生活才符合真正诗人的性情。是漫卷诗书喜欲狂，还是天子唤来不上船；是东篱采菊南山种豆，还是泛舟五湖忘却尘嚣？这样的生活当然很美，却没有几人能做得到。世界终究是斑驳陆离的，谁都避不开风雨凄凄和世事茫茫。

只不过，走过人间，我们总会充满期冀。若无期冀，那么心无所念，生命也只是黯淡无光；可有了期冀，人就难免会陷在尘网中，走得越来越远，也就越来越累。红尘，毕竟不是只有水村山郭、草长莺飞，还有剪不断理还乱的爱恨情仇。

即使是李白、苏轼这样的豪纵之人，也无法在尘世间找到完美之境，他们也需要月光来遣怀，也需要浊酒来解忧。可是无论是月临西窗还是浊酒入肠，都是难言的况味！所谓也无风雨也无晴，也便只能偶尔安慰自己。

徐志摩是天生伤感的人，他可以将诗行雕刻得玲珑剔透、灵动自然，心中的悲喜却是少有人知。他心中的梦想无比绮丽，有山有水，有花有草，有云有月，或许还有个温婉明媚的添香女子。然而，尘世永远不是牧歌田园，偶尔的诗酒流连改变不了永恒的风雨飘零。

那年，在香港送别了泰戈尔以后，徐志摩去庐山住了几个月。在这里，面对着山水云烟，他几乎忘记了愁苦与忧烦，伴着松风荷月醉了又醉。假如就这样，如宋朝的林和靖那样，置身山水之间，远离尘嚣纷扰，或许此后的人生纵然孤独，却也安闲恬淡。但他毕竟不是林和靖，梅妻鹤子的生活，并不适合他。事实上，徐志摩是喜欢和知己好友相聚倾谈把酒言欢的，所以新月社那些近乎围炉夜话的岁月，他很是怀念。

当他从庐山绮丽的风景中走出来时，人间仍是那个荒凉模样，或者说，更多了些凌乱。第二次直奉战争爆发，大地上几乎没有了安宁。而在他心中如月影般的林徽因，已于夏天随梁思成赴美留学。她在北方悄然离去，他在南方蓦然回首，身畔是混乱的日子，包围着他的落寞。

整个世界似乎都在那个秋天里变得晦暗而压抑。这时候的徐志摩甚至开始对尘世有了厌倦与绝望。他仿佛处在一个荒原之中，前方影影绰绰，却无道路可寻。即使是后来经胡适介绍，他获得了北大教授的职位，也没能让他从灰色的心境中逃出来。

面对人世的种种驳杂与挣扎，徐志摩无比苦闷。他站在烟尘之中，漫长无际地思索着。那段时间的徐志摩，与正在燕京大学读书的凌叔华有过频繁的书信往来。他把她当做倾诉对象，将无限的怅惘与不安，说给她听。

本来，这只是寻常的心灵沟通，在凌叔华后来的文字里明确表示，她与徐志摩未曾有过任何感情纠葛。但人们，却还是忍不住在这样清淡的往事里别有用心地搜寻绯色踪影。徐志摩并不在意，如果他在意世人眼神，大概也不会在张幼仪产子后不久与之离婚了。诗人的世界里，必须有情趣和诗意，却也不能缺乏不羁和自我，否则，当他们吟风赏月的时候，又该如何面对世俗之人的冷眼呢？

徐志摩算是乐观的人，所以他敢于追寻。纵然烟雨迷离，他仍希望穿过烟雨，看到清风明月。所以，他始终走在路上。遇到林徽因的时候，他以为找到了最美的风景，可是林徽因转身离去，留给他满怀的悲伤。可他仍旧没有放弃对唯美之爱的追逐，在人海里找寻了许久，遇到了明媚动人的陆小曼，便又毫不犹豫地沦陷了。

尽管陆小曼当时是有夫之妇，他却因欢喜而沉醉，又因沉醉而不舍。或许，他需要为那场爱情进行理性的思考，但他是徐志摩，假如太过理性，也便不是他了。对徐志摩来说，爱就是爱，别的都可以视如浮云。就像他说的，感情是指南，冲动是风，他只要爱，全心全意，以灵魂去爱。到底，他是为爱而生的人，既然红尘遇见，就绝不会放手。

只是舆论如冷雨般汹涌而来，让他们的爱情几乎没有歇脚的地方。面对流言，他本可以淡然处之，但这次，他还是选择了暂避。兴许，只是为了缓解陆小曼的压力。他又去了远方，在万里之外的异乡，在孤独与思念之中，过了些散淡的日子。

这次旅行，徐志摩做的最多的事情，不是沉醉山水或者拜谒云海，却是上坟。生命只在斯须之间，只是刹那，或许已是红尘之外的行客。徐志摩所崇拜的许多人，曾经华丽地存在，此时已远行天外，尘世间他已遍寻不着他们的踪影。于是他只好去向山野之间，在他们青草漫漫的坟茔间，驻足沉思，看是否仍能听到他们清夜的幽咽、荒原的长啸。

在莫斯科，他上契诃夫、克鲁鲍特金的坟；在法国枫丹白露上曼殊菲尔的坟；在巴黎上波德莱尔、茶花女、伏尔泰、卢梭、雨果的坟；

在罗马上雪莱、济慈的坟；在佛罗伦萨，上勃朗宁夫人、米开朗琪罗、但丁、维吉尔的坟。他总在那些坟茔前静静地伫立着，直到斜阳为那些墓碑涂上金色，才悄然离去。

凭吊古人，经常是因为尘世太过喧嚷和逼仄。站在那些墓碑之前，才能真正明白生命如尘。那些日子，徐志摩大概会在感伤里获得些许宁静，但是回到真实的生活，他仍是那个伤感的诗人。

想必，在后来的那几年，他总会想起在佛罗伦萨的那些日子。他给那里起了个唯美的名字，叫翡冷翠。那时候，他独自寄居在群山环抱中的一座幽雅别墅里。这里山水相依，草木葳蕤，倒真是安放性灵的好地方。

远离繁华，身处寂静，他是真正的诗人，可以无拘无束地释放天性，享受那独自的狂欢。见过许多人的狂欢后，总会发现，原来独自看风景，独自过流年，也可以很美。真不愿打扰那份宁静，于是就悄然站在那幅画之外，看画中的徐志摩，经过云水，望向高山，倚着斜阳，等待月光。

在这里，他无需做风雅之态，无需理会思想是否合时宜，也无需听别人老气横秋或者趾高气扬的声音，他只需做真实的自己，与山水云月倾情对话。生命从来处而来，去向青草深处。或许，所有的远方，都是归途；或许，所有的家乡，都是异乡。当他寂静地思考这些问题的时候，世间的喧嚷早已消失不见。整个世界空荡荡的，只有他自己，萧索却平静。

他醉了。或者说，他无比清醒。在醉与醒之间，他的人生与爱情，他的诗性与感伤，渐渐迷离成霜，风流与风骨，掩埋了惨淡人间。可是，仔细看去，他仍在尘网之中。天地之间，何处栖居，这仍是他必须面对的问题。

爱到寂灭

民国的爱情，或多或少都透着血色的浪漫。遇见陆小曼，或许本就是人生劫数，但是徐志摩还是投入了所有的热情。他从来都是这样，为了爱情不管不顾，纵然落得满心疮痍，还是不改初衷。不得不说，他是个情种。

可惜的是，这样的情种，却注定要在变幻无常的世界里走向荒凉。毕竟，感情的世界里纵有芳草，也总会莫名地遇见秋凉。他又是那样唯美而固执的人，于是爱得越深，也就伤得越深。最终，带着那颗疲惫感伤的心离开了人世，走得愤懑而悲凉。

当然，最初的相遇还是美丽的。那个冬天，他们相逢于北京，如诗如谜。他是清雅浪漫的诗人，她是艳冠群芳的红颜。她如一抹艳红，点缀在他的路旁；他如一叶扁舟，飘入了她的河流。这场相逢，恐怕不属于民国任何爱情。不管结局如何，初见时的刹那欢喜，已驱走了冬日所有的萧索与清寂。偌大的北京城，仿佛只剩下他们两个人。

与徐志摩相识的时候，陆小曼已是北京名媛。许多日子，夜色

▲ 徐志摩与陆小曼合影（由中国第二历史档案馆提供）

之下，她都会在灯火迷离的地方翩然起舞。她喜欢那样的生活，更喜欢那样的醉意。若非如此，后来在上海的那些岁月，徐志摩大概也不会在烦忧里日渐憔悴了。

但其实，陆小曼是很有才气的。她喜欢弹琴，也喜欢绘画，小楷写得端丽秀雅。徐志摩为她沉沦，不仅因为她美丽，还因为她有着古典女子的神韵和民国女子的洒脱。仔细想想，假如陆小曼可以安于平淡，过似水流年的日子，或许就不会与徐志摩那样轰轰烈烈地相爱。她是陆小曼，骨子里是任性和恣肆的。若只愿做个捧砚添香的红颜，她也就不是陆小曼了。

她可以为了徐志摩而与王赓离婚，毕竟她也是为爱而生的真性情女子。但是当生活渐渐平淡，她那颗纵情之心就会焦躁起来，继而活分地跳跃，然后便是重归灯火之下。阑珊灯火，夜色迷离，是她生命盛放的地方。只有在徐志摩去世后，她才突然明白，爱情里该有退让，生命里该有散淡。但是那时，人间天上隔了太远，终究是明白得太晚。

在唯美爱情的路上，徐志摩已经寻觅了许久。在林徽因转身离去后，他的爱情世界荒芜了许久。在很长的时间里，他的内心世界始终愁云惨淡，西湖也好，庐山也好，那些花间月下的日子，可以装点岁月，却不能给他安闲。他笔下的人间，也便总是荒草蔓延。直到遇到陆小曼，他的整个世界才突然间鲜妍了起来。

当人们冷嘲热讽的时候，徐志摩与陆小曼已经炽烈地相恋了。仿佛只有在对方的世界里，他们才能寻回自己。所有的口诛笔伐，都不能让这场旷世的爱情搁浅。两个同样炽烈同样任性的人，迎着全世界的冷言冷语，倾情地爱着。事实上，即使是那些冷眼中，也总含着几分艳羡。所有人都会在以世俗理论评判他们的对错之后，无可避免地觉得，他们是天造地设的才子佳人。

有人说，徐志摩在陆小曼的身上看到了林徽因的影子，所以爱她，甚至，只是把她当做林徽因的替身来爱。事实上，陆小曼与林徽因是截然不同的两种女子，一个温婉秀雅，一个多情热烈，只不过，她们都让徐志摩沉醉了。这个敏感而细腻的诗人，可以流连山水，也可以迷恋花月。他爱林徽因，也爱陆小曼，此时的他，相信陆小曼会是他寻觅了很久的灵魂之伴侣。

与陆小曼相恋之后，徐志摩开始写日记，他也鼓励陆小曼用文字记录他们爱情路上的酸甜苦辣。当然，若是他们处在离愁别绪之中，便会用书信来表达思念。因为陆小曼名字是眉，他们将两人所写的日记放在一起，编为《爱眉小札》。这是属于徐志摩的浪漫，也是属于民国的风情。

蓦然间发觉，我们已经很久没有鸿雁传情那样的情怀了。我们忘记了人隔千里只凭文字化解思念的苦涩的曾经，也忘记了见到心中所想那人熟悉的字迹时那份惊喜。多年以后，我们是否还能翻箱倒柜，找出当时那些信件，回忆那些浪漫的时光？

时光尚未陈旧，而很多情怀却已经泛白。回头想想，那些纯真的岁月只如昨天，却又无限遥远。人世凄凉，一别也许就是永远。荒凉的世界，当文字不再用笔墨来书写，我们还有多少情怀可以回首，还有多少纯真可以追味！

尽管承受了无数人的指摘，徐志摩和陆小曼还是如愿地结婚了。

婚后他们离开北京回到了徐志摩的故乡硖石镇。在那个山清水秀的地方，他们的日子也曾诗意翩跹。徐志摩写诗，陆小曼作画，有时候畅谈文字，有时候各自沉思，竟有几分赌书泼茶的味道。闲暇的时候，携手走在静致的江南，与山水日月为邻，日子无比清幽。

或许陆小曼也曾有过这样的幻想，陪着徐志摩过这样闲适的生活，不理人间的是非，不羡红尘的繁华。哪怕只是粗茶淡饭、布衣荆钗。可她无法确定，自己能在这样的生活中坚持多久。毕竟，对于她来说，喧嚷的繁华，终究是魅惑的。

后来，因为战乱，他们离开了硖石逃到了上海。故事也就从那时候开始，渐渐凄凉了起来。上海，那是个不夜城，也是条不归路。所有的车水马龙，所有的灯红酒绿，其实都是以荒凉为背景的。唯美的徐志摩，注定在这里没有着落。而陆小曼，却是如鱼得水。

如果说徐志摩需要的是风清月朗，那么陆小曼需要的则是花灯歌舞。走入上海滩，徐志摩如跌入深渊，而陆小曼如飞向云端。尽管相遇的时候他们让彼此无限惊喜，仿佛是在迷茫的天涯遇到渔火江枫，可此时，在大上海的魅惑气息里，他们显现了完全不同的生命气质。其实徐志摩还是喜欢灵动的，但他绝不喜欢上海滩夜间麻木的喧闹。

很快陆小曼就迷上了上海滩的夜色，舞池里的旋转不休，灯火下的醉眼迷离，这才是她喜欢的生活。繁华中的快意，总要金钱来支撑。来到上海滩之后，陆小曼不仅要住豪华的房子，穿昂贵的衣服，而且有专职的丫鬟、司机等，还经常开办派对、包订剧院等娱乐场所的坐席。甚至连一百八十号赌场她也光顾。当然，她还喜欢捧戏子，

▲ 泰戈尔（前排左）在北京与辜鸿铭（前排右）、徐志摩（后排左2）等人合影（由中国第二历史档案馆提供）

遇到中意的戏子，不惜一掷千金。总之，她过的是所谓的上流社会的生活，衣食住行都极其讲究。

这对于徐志摩，无疑是一种折磨。为了维系陆小曼的奢华生活，他不得不四处奔波，后来甚至同时在光华大学、东吴大学、大夏大学三所学校讲课，课余还赶写诗文，以赚取稿费。即使如此，每月所得仍不够陆小曼挥霍。

一个诗人，当他必须为钱到处奔走的时候，他也就从云间落到了泥淖之中。很显然，徐志摩的内心早已被这样的堕落生活折磨得七零八碎了。他心中的恬梦在上海滩还没有开始就已经被惊醒。山水已然远去，此时甚至连静谧也遍寻不着，只剩下奔走的脚步和疲

惫的心魂。

他的诗情已经不知去向，他甚至听到了性灵凋残的声音。他好似零落人间的花瓣，被卷入尘世的风烟，无力挣扎。为了爱情，他苦苦地支撑着，可是他真的希望陆小曼能够有所改变。而陆小曼，这个醉在灯火人间的人，又岂能远离闪烁霓虹，拿起画笔？她仍旧昼夜颠倒，跳舞、听戏、打牌，挥金如土。当然，她与翁瑞午不清不楚的关系，也让徐志摩痛苦不堪。

终于，1931 年冬天，在那片火光之中，他悄然飞出了人间。这样的离开，虽然悲情，却也是无奈的解脱。人生寥落，世事冰凉，这纯粹的诗人，早已不堪重负。对于他的离世，恐怕不能归咎于林徽因或者陆小曼。生命，本就如谜，来去皆偶然。只是对于所有故事，人们喜欢评判和解读罢了。

尘缘似梦。只这几个字，就足以让人感慨万千了。苍茫的人间，生命如露如电，匆匆地来，静静地走。不知不觉，我们已在人间走过许多年，泅过许多河流，翻过许多山岳。可是到最后，人生不过是，生不带来，死不带去。

戴望舒：雨巷深深深几许

忆昔午桥桥上饮，坐中多是豪英。
长沟流月去无声。杏花疏影里，吹笛到天明。
二十余年如一梦，此身虽在堪惊。
闲登小阁看新晴。古今多少事，渔唱起三更。

凄美的误会

撑着油纸伞，独自彷徨在悠长又寂寥的雨巷，希望逢着丁香般结着愁怨的姑娘。这样的雨巷里，住着属于江南诗意里的清寂和寥落。许多故事早已沉入岁月，许多故事仍在悄然发生。只不过，多年以后，故事再也不是从前的模样。

小楼听风雨的人去远了，深巷卖杏花的人也去远了。梦里的江南，烟水迷离仍在，小桥流水仍在，却很难找到曾有的写意风情。古老镇街之上，随处可见窄长曲静的巷子，巷子里干净发亮的石板路上，总有丁香般的姑娘，撑着油纸伞独自彷徨。但是身边的人们匆匆经过，很少有人停下来，为那雨巷中清幽静美的画面沉醉或者感伤了。

而那个诗人，却仿佛始终在那里，彷徨着也寻觅着。他就是戴望舒。他是真正的诗人，如许多远方的诗人，喜欢在关于清风明月的画面里半醉半醒地活着。醉去之后，身边只剩下流水断桥芳草，然而，酒醒之后，乱世的残景依旧冰冷地铺在那里，他只能荒凉地面对。

戴望舒祖籍南京，出生于浙江杭州。戴望舒的父亲戴立诚，是北戴河火车站的一名普通职员。戴望舒的母亲卓佩芝出身于书香门第，性格温柔，颇有文学修养。戴望舒小时候，母亲经常给他讲《水浒》《西游记》《封神演义》等古典文学名著和《天仙配》《梁祝》《宝莲灯》等民间故事，还给他整段整段地吟唱家乡戏文。聪慧过人的戴望舒，因为这样的耳濡目染，不知不觉便走上了文学之路。

少年时期的望舒不幸感染天花，毁坏了他俊逸的面容，脸上落下坑洼的瘢痕。因为这样的缺陷，他经常被人讥讽和嘲笑。即使后来他开始写诗并因此成名，那些奚落和嘲讽的声音仍旧没有消失。

与朋友们去饭馆吃饭，结账的时候，戴望舒开玩笑说谁个子最高谁付账。结果，朋友中间却有人开玩笑说，谁脸上有装饰趣味谁请客，引得哄堂大笑，连邻座不相识的茶客也忍不住窃笑，这样的情境让戴望舒十分难堪。1931 年 12 月，戴望舒的中学同学张天翼在《北斗》杂志上发表了题为《猪肠子的悲哀》的小说，其中还影射了戴望舒的缺陷。

从小被嘲讽的戴望舒，必然是有些自卑的。于是，诗就成了他的城堡。在里面，他可以吟风弄月，活得风轻云淡。但他那颗心却又是悸动而翩然的，所以不能永远地住在诗里不出来。当他从小楼明月的画面里走出，很自然地，就遇见了纷乱的世事，和迷蒙的尘缘。世事之中，繁华与萧索，隔得并不远；尘缘里面，猜得到开头，猜不到结局。

1922 年，17 岁的戴望舒联同张天翼、杜衡与已读大学的施蛰存创立兰社，并开始了文学创作。第二年秋，戴望舒考上了民国元老于佑任、邵力子等人创办的上海大学。1925 年，戴望舒参加上海的“五卅”运动，随即上海大学被封，他便转入震旦大学（复旦大学前身）学习法文。在这里，他读雨果、缪塞等浪漫派经典作品，开始喜欢果尔蒙、耶麦等后期象征派作品。他还将雨果的《良心》译成中文，开始了他的文学翻译生涯。

那时候，戴望舒写了名为《回忆》的散文，记述他童年时代在北戴河与青梅竹马的曼云妹妹在海滩上玩耍，妹妹在拾贝壳时被海浪卷走，他气得晕过去。后来，他天天在海滨盘桓，有一群沙鸥从头上飞过，他想曼云已化为了鸥鸟，便给自己取名叫戴梦鸥、梦鸥生。

属于诗人的浪漫渐渐显露，悲伤与寥落也就离得不远。毕竟，那仍然是风雨飘零的乱世。事实上，即使是清平世界，真正的诗人也很难得到完整的自在。烟云散漫，尘埃满目，人世原本就是这样。所有的唯美主义者，都会渐渐地形单影只。

不过，年轻的戴望舒，虽然带着几分忧郁，却也是热血沸腾。如当时许多学子，他也被新的思想和情绪引导着狂热地奔走于大地。他与同学杜衡、施蛰存、刘呐鸥一起从事革命的文艺活动，并加入了共产主义青年团，还因宣传革命而被反动当局逮捕拘留过。

1927 年，当白色恐怖笼罩全国的时候，他只能在痛苦中陷入彷徨和迷惘。回到杭州后，国民党浙江省党部扩大反共，杭州大有风声鹤唳草木皆兵之势。于是，某个雨夜，他敲开了松江县施蛰存的家门，开始了不安的隐居生活。

夜坐听风，昼眠听雨。看起来清闲，其实是无比烦闷和压抑。在孤独中，戴望舒反复思量，终于明白，在那个时代，做中国人是很苦恼的事。尽管，枕边的书还在，窗前的明月还在，但日子却是晦暗无光的。到底，他是个性情简单的诗人，在昏暗冰冷的年光里，必然会走入荒凉。

那个夏天，他写下了《雨巷》：“撑着油纸伞，独自彷徨在悠长、悠长又寂寥的雨巷，我希望逢着一个丁香一样的、结着愁怨的姑娘……她彷徨在这寂寥的雨巷，撑着油纸伞，像我一样，像我一样地默默踯躅着，冷漠，凄清，又惆怅……她静默地远了，远了，到了颓圮的篱墙，走尽这雨巷。在雨的哀曲里，消了她的颜色，散了她的芬芳，消散了，甚至她的太息般的眼光，丁香般的惆怅……”

1933 年 12 月 6 日投入南京采石矶大江的著名诗人朱湘，曾经在给戴望舒的信中说，《雨巷》在音节上完美无缺，还说这首诗比起唐人的长短句来，实在毫无逊色。冯亦代作为戴望舒的毕生好友，又作为杭州同乡，曾经说过，他心里永远保持着《雨巷》给他的遐想，当年在家乡时，每逢雨天，在深巷里行着，雨水滴在撑着的伞上，滴答滴答，他便想起了《雨巷》里的韵节。

很显然，这首诗贮满了彷徨失望和感伤痛苦的情绪。这情绪，不能笼统地说是纯属个人的哀叹，而是现实的黑暗和理想的幻灭在诗人心中的投影。隐于人海，诗酒流连，本来是悠然写意的。但此时的戴望舒，却只有彷徨感伤。

没想到，那个丁香花般的姑娘却真的出现了。她是施蛰存的妹妹施绛年。那时候的她，正值花季，亭亭玉立，窈窕妩媚。乍见之下，戴望舒恍然间以为身在雨巷。故事也就从那个刹那开始了。

可惜，施绛年虽然美丽，如江南雨巷中走出的红颜，但她却并不似诗人所写，结着愁怨，冷漠凄清。相反，她是个活泼开朗的女孩。可以说，他们属于两个世界，有着大相径庭的人生逻辑。大概，这样的相逢，只是个凄美的误会。

在这个繁芜的世界上，真正的诗人必然会在性灵的层面上流离失所。于是，悲伤的戴望舒，在了断爱情之后，只能默然回到雨巷，在细雨蒙蒙的画面里，写着诗惆怅，继续等待他丁香般的姑娘。等着等着，人生也就落幕了。

天青色的心

戴望舒是个爱情至上的人，遇见心仪的女子，就会倾注所有的热情和力气。然而，属于诗人的忧郁和冲动，却让几段爱情无声地结束了。或许，他永远都不会明白，他倾情去爱，却为何总是落得满心凄凉。说到底，他是天生的诗人，活在自己的世界里，以山水草木为邻，或者为知己，而他所遇见的那些女子，要的却是烟火生活。

施绛年当然是美丽的，并且因为喜欢文学，更有几分清雅气质，这是戴望舒对她沉迷的原因。她并非戴望舒笔下那种若隐若现不食人间烟火的女子，尽管青春年少的她也喜欢浪漫的情节，但终究，她更喜欢现世的安稳。这不是她的错，事实上，徐志摩与林徽因也曾有过烂漫的康桥往事，但是后来，林徽因还是转身离去，选择了梁思成。诗意和现实，中间到底是隔了鸿沟。

戴望舒却早已沦陷了。他是痴情的，因为刹那的欢喜，那女子已成了他心头永远的朱砂痣。从此之后，他再也无法忘记她的音容颦笑。人们说，念念不忘，必有回响，然而对他来说，所有的悸动与念想，换来的只是流水落花春去。

戴望舒虽然才华横溢，但他自卑敏感，木讷腼腆，与女性交往时往往严肃有余而风趣不足。虽然深深地爱上了对方，他却没有表白的勇气，只能写诗来寄情。与施绛年相识之后，他写了多首情诗，如《烦忧》《山行》《十四行》《回了心儿吧》《路上的小语》《林下的小语》等。“假如有人问我的烦忧，我不敢说出你的名字。”他就是这样，爱得深沉，却又总是迟疑。

得不到回应，他仍在沉沦。若干时日后，他已默然将施绛年视为了恋人。他在《我的恋人》里这样写道：“我将对你说我的恋人，我的恋人是一个羞涩的人，她是羞涩的，有着桃色的脸，桃色的嘴唇，和一颗天青色的心，她有黑色的大眼睛，那不敢凝看我的黑色的大眼睛……”

▲ 戴望舒（由视觉中国提供）

其实，不敢看对方的，恰恰是他自己。痴情背后，他的忧郁和自卑也是显而易见的。他发自肺腑的诗意，并未打动比他小 5 岁的施绛年。在他看来，这是上帝好像没有精心塑造他的缘故，赋予他超群的才华，却没有给他翩翩的风度。

必须承认，他是天才的诗人，寂静落笔，可以写尽风流。但也因为他是个纯粹的诗人，时而深沉忧郁，时而外露冲动，这样的神经质个性让施绛年望而却步。而且，小时候那场天花，在他脸上留下的痕迹从未散去。总之，外表的不雅和彼此性格的差异，使得那女子对他静默的追求始终不为所动。

但是碍着兄长的面子，也顾及诗人的颜面，施绛年又不敢断然拒绝戴望舒，只能闪烁其词地刻意躲闪。有时候她也帮他抄稿子，或者陪他去散步。然而，这些事不过是因为对他才情的赏识，与爱情无关。可以说，当他爱得几乎失去自己的时候，她却不曾泛起几片涟漪。她的若即若离，让戴望舒觉得希望还在的同时也无比痛苦。痛苦之余，属于诗人的高傲和倔强又让他用尽力气坚持着。

后来，戴望舒出版诗集《我的记忆》，扉页上用拉丁文题上了古罗马诗人A·提布卢斯的诗句：愿我在最后的时间将来的时候看见你，愿我在垂死的时候用我的虚弱的手握着你。终于，他向世人公开了对施绛年的感情，爱得刻骨铭心，谁都看得出来。但他，仍没有得到回应。这场被他看得极重的爱情，实际上甚至没有开始过，只如梦里花开，画面朦胧得让人绝望。

在度日如年的日子里，戴望舒经常呆呆地看着树枝后的那扇藏佳人的窗子，常常独自行走于恋人往返之途。对他来说，漠视他的爱，就是对他人格和生命的轻慢和蔑视，这对于有高度文化教养和自尊心旺盛的诗人来说，实在是莫大的屈辱。终于，他开始觉得无法忍受徒然的等待。长久的苦恋，换不来些许柔情，他的心境无比黯淡。

于是，他不得不与施绛年最后摊牌。那天，他来到位于外滩的邮电大楼，将准备下班的施绛年约到很高的顶楼。然后，他告诉她，假如她不能接受他的爱情，他就从那里跳下去，因为没有她的生命是苍白的。这大概就是诗人的行事方式，他大概不明白，这样的行为本身，就会让那女子远离他。不过，迫于无奈，施绛年还是勉强答应了他的请求。

爱情，纵然不是灵魂相依，至少也应是两情相悦的。落花有意，流水无情，故事其实早已有了结局，执着的诗人却不曾看透。对他来说，那女子就是从雨巷走来，成全他爱情之梦的。实际上，她不过是路过他的世界。

戴望舒马上就通知了杭州的父母，让他们赶到上海向施绛年的父母提亲。施绛年的父母因为他的外表，并不同意这桩婚姻，施蛰存苦心努力，他们也终于答应了。1931 年春夏之际，戴望舒与施绛年举行了声势浩大的订婚仪式。看上去，故事在慢慢地走向完满，却又突然峰回路转。

诗人能给的，自然是清风写意的日子，而施绛年想要的，却是实实在在的生活，来不得半点虚幻。于是，为了避免此后在清贫中度过岁月，她提出了条件：戴望舒必须出国留学取得学位回来有稳定的收入后，她才愿意考虑结婚。戴望舒百般不愿，却也只能接受。理性务实的施绛年，感性诗意的戴望舒，注定要渐行渐远。

为了爱情，戴望舒愿意倾其所有。于是，他真的去了法国。此后三年，身在陌生的异国他乡，他几乎每天都在苦闷和孤独中煎熬。当然，相思的苦楚，也被他体味了千百回。艰辛而清苦的日子让他无法忍耐，学外语、读功课、打理生活，钱总是不够用的。没办法，他只好边读书边为人翻译书籍，以赚钱贴补自己。那样的生活，磨折了他的诗性。三年时间里，他甚至很少写诗。如果说有什么可以给他惊喜，那就是施绛年的来信。

然而，她的信却是越来越少。本来她对他就是同情大于爱情，此时隔着万水千山，爱情更是无从说起。施绛年的态度越来越冷，这让戴望舒愁肠百转。再后来，施绛年遇见了真正的心仪之人，偶尔写给戴望舒的信也几乎没了感情色彩。

施绛年另结新欢，哥哥施蛰存看在眼里，却也没有办法，更不敢告诉戴望舒。作为好友，施蛰存深知戴望舒的性格，生怕他知道此事会做出格的事。对于好友与妹妹之间的故事，他也看得清楚，虽然订了婚，仍是有意和无情相遇的戏码，注定惨淡收场。

身在法国的戴望舒，虽然听到了传言，却还是相信，远方的那个女子，会为他停留，纵然不能红袖添香，至少可以烹茶煮酒。对于人生，对于爱情，他的理解总是带着诗人的执念和虚渺。试想，就算施绛年没有离开他，婚后的生活怕也不会风轻云淡。毕竟，他们是性情相去甚远的两个人。

终于，戴望舒选择了回国。然而，忍受了三年相思之苦的他，得到的答案却是，传言都是真的。因为难以抑制心中怒火，他甚至当着施家父母的面打了施绛年一记耳光。这场爱情，也就这样无声地结束了。美丽的开头，悲伤的结尾，诗人恍如身在梦里，花落无数。他诗意的笔，永远无法解开世事的谜。

该来的结局，终于还是来了。这世上，有多少花前月下，就有多少人各天涯；有多少私语缠绵，就有多少落寞惆怅。故事里头，人们匆忙地行走，经历聚散离合。故事外头，不知是谁，对着满世界的浮沉悲喜，隔岸观火。

诗人与现实之间

人们说，诗人是浪漫的。风花雪月，悱恻缠绵，是他们最常置身的情节。然而，诗人的浪漫却只属于诗人，没有几个人能读得懂，当他们徘徊月下或者醉卧松云的时候，早已有无数轻蔑和鄙薄的眼神对着他们了。于是，诗人的浪漫里，更多的是孤独。

施绛年转身而去了，在很长的时间里，戴望舒都郁郁寡欢。爱得刻骨铭心，却是这样的结局，他实在无法接受。必须承认，戴望舒的才华和人品都是相当出色的，不然不会得到朋友的赏识。他的问题就在于，他是个纯粹的诗人。

施蛰存因为赏识他，竭力撮合他与妹妹施绛年的婚事，结果却是落花流水。在戴望舒无比落寞的时候，好友穆时英因为赏识他的才气，也竭力撮合自己的妹妹穆丽娟与之相爱，帮助戴望舒走出悲伤。

穆丽娟出生于浙江慈溪，他的哥哥穆时英是中国现代新感觉派小说的代表人物。穆丽娟刚从上海南洋女中毕业，受穆时英的影响，她喜欢读鸳鸯蝴蝶派的小说。她读过戴望舒的诗，对这个诗人无比仰慕。不久之后，仰慕成了欢喜。他们相见了。穆丽娟身上那种宁静而古典的美，顷刻间便拨动了戴望舒受伤的心弦。

戴望舒和朋友聚会，教大家打桥牌，是他在法国时的玩法，有时候他也和大家去跳舞。每次见到戴望舒，穆丽娟都非常快乐。在最初日子里，她觉得与诗人交往颇有情趣。熟悉之后，穆丽娟经常去帮戴望舒抄稿子。在被放逐许久后，戴望舒鼓足勇气，开始了新的恋情。这是 1935 年夏天，戴望舒 30 岁，穆丽娟 18 岁。

相识半年后，戴望舒与穆丽娟立下了婚约，并登报宣布了订婚的消息，同时决定第二年 6 月完婚。1936 年初夏，正在筹备婚事的戴望舒收到了父亲病故的消息，依照传统习俗，婚期自然要拖延，但因为有了前车之鉴，戴望舒生怕节外生枝，于是不顾礼数和人们的看法，如期举行了婚礼。至少，在结婚初期，他们被文艺界许多人羡慕过。

那场历时八年的爱情悲剧，给戴望舒留下的伤痕历历在目，他必须以充实的幸福将那些伤痕尽力抹去，他们经常出去跳舞看电影，有时候与文友品茗倾谈，或者在家中举办小型舞会。冯亦代是他们家的常客，夫妇二人曾为冯亦代和郑安娜牵过红线。应该说，这段日子是清淡安好的。也因此，戴望舒的创作和翻译工作也进行得十分顺利。后来，长女戴咏素出生。

被酒莫惊春睡重，赌书消得泼茶香，这大概是诗人喜欢的生活；短策看云松寺晚，疏帘听雨草堂春，这大概是诗人迷恋的画面。尽管身处民国，但是深受传统文化影响的戴望舒，心中最喜欢的还是那些古雅情致。围炉夜话，把酒临风，是他醉心的情节。

渐渐地，新婚燕尔的激情退去，诗人与现实之间的距离显露无疑。穆丽娟发现，诗人的生活并不浪漫，戴望舒总是与书为伴，几乎很少说话。毕竟年华似水，穆丽娟无法忍受这样乏味的生活。戴望舒本来就喜欢清静，不喜欢多说话。而且，就文学素养而言，穆丽娟与他有着云泥之别，说些家长里短还行，若要倾谈学问就是强人所难了。

有娇妻在侧温婉多情，有小女绕膝咿呀学语，按理说已是无边的幸福。然而面对倏忽而至的宁静生活，戴望舒感到了寂寞。诗人的寂寞往往是这样，不是身边无人陪伴，而是身处人群之中，却觉得是孑然地站在古道天涯。落寞的时候，戴望舒说：我夜坐听风，昼眠听雨，悟得月如何缺，天如何老。

显然，这些问题在穆丽娟眼中是无聊和可笑的。当生活落到了柴米油盐上，诗人悠远和不羁的思绪往往会被无情地嘲笑。穆丽娟渐渐觉得，比起妻儿，戴望舒更喜欢的是写作。而且她感到自己与戴望舒越来越不平等。他几乎不把她当成一个成熟的女人，每回家里决定事情，比如搬家、买东西，他都不与穆丽娟商量，全部是自己作主。

让穆丽娟更感不快的是，戴望舒为电影《初恋》写的主题曲里有这样的句子："你牵引我到一个梦中，我却在别的梦中忘记你，现在就是我每天在灌溉着蔷薇，却让幽兰枯萎。"这首歌的广为传唱，让穆丽娟很伤怀。她认为，词中的幽兰是指施绛年，是戴望舒念念不忘的。大概的确如此，那女子虽然弃他而去，却永远是他的窗前明月。时间久了，眼前的穆丽娟就成了无味的饭粒子。

上海沦陷后，戴望舒夫妇逃到了香港。戴望舒很快成为香港文坛的核心人物，他还参加各种爱国救亡运动。戴望舒原想先在香港把家安顿好，然后再到大后方去参与文艺界的抗敌工作，但是最终，他出任《星岛日报》副刊的主编，留在了香港。当时，戴望舒还经常宣传抗日救亡活动。

当时大批从内地来香港的文化人只能住在简陋的房子里，而戴望舒却千方百计地找到了位于薄扶林道附近山上的一座小洋楼，让家人有个好的住处。他和穆丽娟空地上开辟了小园子，种了瓜果蔬菜，还很诗意地将这里称为“林泉居”。许多文人也喜欢来这里聚会。看上去，虽是逃难到此，日子却很写意，颇有隐逸情趣。然而，生活并不如看上去这般宁静。

或许是因为漫无边际的想法得不到回应，或许是因为诗情画意的生活得不到满足，当真实的生活横在面前，戴望舒越来越沉默。事业上有了发展的他早出晚归，使得穆丽娟更加感觉沉默和空虚。至于戴望舒的浪漫，此时她也只剩茫然了。诗人的世界里，她走得太累。停下来歇息的时候，灯火已经阑珊。

1940 年 6 月，穆丽娟的哥哥穆时英在上海四马路被国民党特务刺杀身亡，由于与之政见不同，戴望舒不准穆丽娟回上海奔丧。半年后，穆丽娟的母亲也在上海病逝，而戴望舒却扣下了从上海发来的报丧电报，以至于母亲去世穆丽娟还穿着大红衣服。这两件事让穆丽娟对戴望舒无比失望，她决定离开。

戴望舒百般挽留，穆丽娟却是无动于衷。几年以后，她已心灰意冷。当年所有的风轻云淡，此时都变成了冷月无声。深冬，戴望舒给穆丽娟写下了绝命书，选择了服毒自杀。敏感而脆弱的诗人，最后被朋友救了。他决绝的方式，并未让妻子回心转意。

穆丽娟曾以为，与诗人携手就是无尽的风花雪月。此时，她终于明白，这只是错觉。戴望舒，这个寂静的诗人，笔下有无限的浪漫，但是在生活里，当他沉醉于自己的世界，在穆丽娟看来，便是索然无趣。何况，他是否已将施绛年忘却，也无人知晓。他们终于还是离婚了，又是心事落地成灰。

戴望舒大概就是这样，独立于大地之上，或者是烟雨之中，等待和眺望，希冀着袅娜的女子姗姗而来，拾起他荒芜的心事。他是个痴情的人，在离乱纷纭的人世里守望着静美的爱情，结果却总是悲伤。毕竟，诗人能给的幸福和浪漫，总是少点烟火味道。所以他虽然痴情，却总是被放逐。这是属于诗人的悲情。

走不出的雨巷

人生之简单，如画卷中的几笔线条，有着疏朗的淡泊，有着清凉的宁静；人生之复杂，如泼洒在宣纸上的墨迹，渲染着城府与世故，挥不去喧闹与迷惘。诗人属于前者，很多时候，他们无心过问俗事，只愿与自己，与明月清风，简单地相对。然而，纷扰世事，却从未停止冲击他们的性情和人生。

戴望舒是个简单的人，虽然生于乱世，他仍然希望简单地生活，清淡地相爱。可是，这样的简单与清淡，对于世间大多数的女性来说，就是索然无味。草堂听雨，踏雪寻梅，毕竟只是旧时的情节。每次结束爱情，他都仿佛被弃于荒野，孤独不可言说。

其实，人都是孤独的。纵有良朋知己，也必须面对别后的形单只影。毕竟，天下没有不散的筵席。盛宴散场后，你有你的远方，我有我的天涯。长亭古道，晚风斜阳，这样的画面，虽然充满诗意，仔细想想，却又觉得凄凉。寂静而来，寂静而去，这就是人生。

断桥芳草，烟雨湖山，都不能让戴望舒漂泊的心安静下来。痴情的诗人，就在荒凉混乱的大地上踯躅着，身影憔悴。太平洋战争爆发后，香港落入日军手中。1942年3月，作为抗日爱国人士的戴望舒被捕。

日军已经通过侦察得到情报，知道戴望舒与抗日作家端木蕻良之间联系密切，想要从他嘴里打听到端木的下落。日本特务对他施以酷刑，但是倔强的戴望舒什么都不肯说。在日本人潮湿阴暗的地牢里，他的身心受到了极大的摧残，情绪开始变得反复无常，发作起来就不可收拾。

即使如此，他还在监狱里写下了诗作《狱中题壁》："我守望着你们的脚步，在熟稔的贫困和死亡间，当你们再来，带着幸福，会在泥土中看见我张大的眼……"事实上，在上海的时候，穆丽娟坚持要与他离婚，汪伪政府宣传部次长胡兰成要他留在上海办报纸，汉奸头目李士群也乘机要挟他参加敌伪工作，他们的条件是，只要他答应，就想办法让穆丽娟回到他身边。戴望舒严正拒绝了，他的答复是：我只能用自己的力量挽救我的爱情，而不能牺牲民族大义来要回我的妻子。

他只是个寂静的诗人，却有着文人该有的勇敢和坚定，纵然风吹雨打，绝不丧失气节。民国翩然的风情里面，总是透着几分坦荡和硬朗，着实让人叫绝。假如只有杨柳岸晓风残月，那么，整个时代的风骨，又将由什么来支撑呢？

1942年5月，经过友人叶灵凤的多方营救，戴望舒终于被保释出狱。经过牢狱之灾，他的身体明显恶化，非常虚弱，气管炎变成经常性的了。之后，戴望舒到香港大同图书印务局做编辑。期间，他与杨静相识。

对于戴望舒来说，那是黯淡的年月。爱情凄凉落幕，身心遭受重创，他几乎无力与整个世界的风雨抗衡。很幸运，杨静蓦然走入他的视线，冲淡了他的悲伤与寂寥。杨静是这样的，娇俏可人，温婉明媚，典型的南方女子。

曾经，她被他的诗无数次打动；此时，他因她的美刹那沉醉。似曾相识的剧情，历历在目的往事，戴望舒突然间都已忘了，仿佛整个世界只剩下这个如玉的女子。爱情开始的时候，画面仍如从前，轻柔而写意。至于结局，他们无心去想。只有局外的人们看得清楚，他和她并非同路之人。缱绻过后，定是两处天涯。

尽管杨静的父母竭力反对，但是倔强的她还是与比她大21岁的戴望舒结婚了。当所有友人瞠目结舌的时候，他们已在花前月下喁喁私语了。然而，杨静毕竟还是个涉世太浅的少女，可以被诗人的情怀打动，可以因此而迷恋对方，但是日子久了，她必然无法接受戴望舒寡淡的生活。

最初的温情浪漫，很快就消失了。由于彼此性格和年龄的差异，加之婚前缺乏深入了解，婚后不久两人便出现了感情上的裂痕，常常因生活上的琐事吵架。杨静还是个爱做梦的小女子，她注定无法成为诗人对弈红尘的知己。至于戴望舒，纵然满腹诗情画意，也终究是个飘然若尘的诗人。他们之间，只能相爱却无法相知，结局其实早已明了。

1946年春天，他们全家回到上海。戴望舒任暨南大学教授。1947年7月，因支持进步学生爱国民主运动，被暨南大学解聘。8月，任上海市立师范专科学校教授。1948年5月，因参加教授罢课，戴望舒被上海市立师专校长串通地方法院，污陷控告，说是香港汉奸文人，被迫离沪，携妻女再度赴港。

名节受到怀疑，哮喘病又加重，在诗人需要妻子患难与共的时候，杨静却用红杏出墙将他推入了深渊。万念俱灰之下，烦躁易怒的戴望舒打了杨静。后来，生活日渐窘迫，少女心境的杨静无法忍受清贫，夫妻之间的裂痕越来越深。终于，杨静提出离婚，戴望舒虽竭力挽回，也无济于事，最后含泪成全了杨静的心愿。诗人的整个世界，彻底灰暗了下来。

落寞之时，他又回忆起了从前，忆起了那个叫做穆丽娟的女子。然后，他写下了《过旧居》和《失去的园子》。在《过旧居》里，诗人这样回抚着旧情："这带露台，这扇窗，后面有幸福在窥望；还有几架书，两张床，一瓶花。这已是天堂……"原来，诗人把自己的旧情，当做了天堂。如此痴情，令人心痛。可惜，往事已成云烟，再长的回忆也只能换来一句：当时只道是寻常。

痴情去爱，却又总是形单只影，这就是戴望舒。那场不对等的初恋，让他此后的爱情都成了悲剧。穆丽娟离开了，杨静也离开了，苍茫的人间，他只有独自品尝岁月的苦酒。永远走不出那条幽深的雨巷，故事也就永远带着凄凉色彩。

1949年春，戴望舒带着两个女儿，离开香港到了北京。不久，

他被安排到国家新闻出版总署国际新闻局负责法文科工作。对于这项工作，他十分欣慰，曾向新闻出版总署的负责人胡乔木表示，决心改变过去的生活和创作方向。然而，生命却已到了凋零的时节。哮喘病越来越严重，他为自己注射药量超剂，被送到医院时，已经停止了呼吸。性情简单的诗人，终于结束了命运多舛的人生。

他走得凄凉，对人世还有多少眷恋，无人知晓。留下的，只有那几段曾黯然的爱情，以及那些清淡别致的诗句。在诗的世界里，他是多情浪漫的王子；但是在烟火俗世，他只是浮萍浪迹。诗人可以凭借情怀度日，常人却不能离开烟火。多年以后，人们记得的，仍是那个撑着油纸伞独自踯躅的身影。江南雨巷，他仿佛从未走出。

徐悲鸿：满城萧瑟画不成

谁道闲情抛弃久？每到春来，惆怅还依旧。
日日花前常病酒，不辞镜里朱颜瘦。
河畔青芜堤上柳，为问新愁，何事年年有。
独立小桥风满袖，平林新月人归后。

百味人生

傍晚，黄浦江畔，细雨蒙蒙，一个年轻孤单的身影绝望地踯躅着。在灯红酒绿的上海滩挣扎许久，终究未能远离困顿。茫茫乱世，身无分文的他，几乎忘了路在何方。假如他就这样跃入黄浦江，了断了尘缘，那么，这世间将从此失去一位画坛巨匠。

幸好，他足够坚强。他告诉自己，在山穷水尽之时，能自拔，才不是懦夫。世间无数的诗情画意，还等着他用手中的笔去描绘，他不能匆忙离去。突然间，他平静了下来。梳理了被雨水淋湿的头发，他回过头，朝着家乡的方向走去。灯火由远及近，他回到了绚丽的人间。这是1915年的夏天。

他就是徐悲鸿。他笔下的奔马，笔墨淋漓酣畅，带着无限的风雷驰骋。但是在成名之前，他有过很长时间的沉默不语。那些冷落年月，支撑他的恐怕只有那隐约可见的几点灯火。那是落笔于日月沧桑的梦想。梦想里头，总有风雨兼程，总有形单影只。只有敢于坚持的人，才能最终看到彼岸花开。

徐悲鸿出生于江苏宜兴。父亲徐达章是当地小有名气的书画家，为人忠厚正直，鄙薄功名，不求闻达，在小镇上过着砍柴、打鱼、卖字卖画的淡泊生活。徐悲鸿原名寿康，6岁跟着父亲读四书五经，9岁起正式习画，每日临摹晚清名家吴友如的画作，并且学习调色、设色等绘画技能。10岁时，已能帮父亲在画面的次要部分填彩敷色。

十几岁的时候，因为家乡发大水，徐家原本就不富裕的生活更加贫困，父亲只好带徐悲鸿到邻近的乡镇卖字卖画谋生，他小小年纪便尝尽了流浪生活的辛酸。不幸父亲又染上了重病，作为家中长子，徐悲鸿开始挑起了家庭的重担。同时，他还必须承受世态炎凉。

到亲友家去吃喜酒，许多有钱的子弟都穿着绸缎，徐悲鸿却穿了布大褂，因而遭到别人的奚落。从此他愤世嫉俗，立志不穿绸衣。为了在社会上谋生立足，他想进洋学堂读书，但父亲拿不出钱。他向别人借钱，又受尽冷嘲热讽。这使他不禁悲从中来，于是改名为悲鸿。虽是勉励自己，却成了人生之谶。观其人生，可谓悲情。

不过，开始的时候，徐悲鸿只是个意气风发的青年，以为只要才气在胸便可笑傲人间。只有在经历过漫长的寥落之后，他才终于明白，世事苦海真的无边。生活，是个无解的谜题，解不开便永远是迷惘，解开了却已是沧海桑田。

徐悲鸿给报社寄去自己画的白描戏曲人物画《时迁偷鸡》，意外地得到张元济的赏识，得了个二等奖。尽管这小小报刊的二等奖算不上什么，却给了初出茅庐的徐悲鸿莫大的鼓舞。那时候，他仿佛在暗夜里看到了光明，突然间对外面的世界充满了向往。于是，他走出宜兴，来到了上海。

外面的世界，这是令人激动也沉默的字眼。总是这样，想起未知的风景，便开始了行程。走过以后才知道，所有的远方，总有人在流浪。外面的世界，霓虹闪烁也好，歌舞升平也好，最深处仍是孤独里的风雨飘摇。所谓远方，不过是别人的故乡。就像海子诗中所写，你从远方来，我到远方去，遥远的路程经过这里。这遥远的路程，其实就是人生。

车水马龙的上海，徐悲鸿还没有站稳脚跟，就因为父亲病重离开了。不过，这次短暂的出行却让他领略了大上海的繁华，同时也触动了他那颗驿动的心。他想要找个地方学习西画，他想画山画水画雪月风花。他知道，必须重临上海，才能实现这样的初衷。

不久之后，刘海粟在上海创办了图画美术院，在报上刊登了招生广告，说是专授各种西法图画，讲义精良。徐悲鸿看到后心潮澎湃，马上动身去了上海。可是，在图画美术院的学习却令徐悲鸿大失所望。这里条件异常简陋，连石膏模型都没有，教学用的范本竟是旧书摊上的插图。同时，也没什么正经老师，学生基本属于自习状态。两个月后，甚觉无味的徐悲鸿不辞而别，悄然回到家乡。上海之行，仍是黯然。

1914年，徐悲鸿20岁时，在病榻上躺了两年多的父亲去世了。为了生活，徐悲鸿不得不身兼三职，担任了三所学校的图画教师，每日黎明动身，奔波数十里去上课。丧父之痛，生活之苦，让年轻的徐悲鸿黯然神伤。心中的梦想，却并未磨灭。但他清楚，若就此下去，梦想便永远不会照进现实。于是，他想再次去上海寻找机会。

徐悲鸿将自己的作品寄给同乡好友徐子明教授，请他帮自己谋个职位，徐子明将他的作品推荐给了复旦公学校长李登辉。后者很欣赏徐悲鸿的画，并答应为他安排工作。结果却是，这位校长食言了，理由是，徐悲鸿太过单薄弱小，不像能够独立工作的大人。或许，当时的徐悲鸿的确是太弱小，心中虽有万千山水云月，可是生活，毕竟不是画中的烟雨楼阁。

繁华街市，寻寻觅觅，他只如萍踪浪迹。秋天，连绵的雨水里落叶纷纷。无数生命就那样悄然地凋零了，感叹之时，红尘已如暗夜。身上的钱用光了，吃饭都成了问题，徐悲鸿只好把身上的布褂和铺盖送到典当行，勉强换来两三天的口粮。此时，徐子明来信了，说是拜托商务印书馆的恽铁樵为徐悲鸿找工作，让徐悲鸿赶紧去见他。

这样，徐悲鸿带着自己的画，来到了商务印书馆。恽铁樵看了徐悲鸿的画，让他画几张人物画。徐悲鸿赶紧回去用了两天时间专心地画了几张人物画，然后又去找恽铁樵。恽铁樵看了很满意。在工作即将有着落的时候，商务印书馆的负责人却突然告诉恽铁樵，徐悲鸿的画线条太粗，不适合做插图。这样的消息无异于晴天霹雳，原本欣喜的徐悲鸿猝不及防，半天没缓过神来。当天傍晚，小旅馆的老板又来催房租。于是，他来到了黄浦江畔。徘徊许久，终于发现，百味尝过才算是人生。

回到家乡，徐悲鸿向镇上的一位医生讲了自己在上海的遭遇，这位医生十分同情他，还为徐悲鸿凑了几十块大洋。有了这点钱，徐悲鸿决定再去上海，他发誓定要闯出个结果。这次，他没有再沮丧地回归故里，相反，他从上海开始，去了更远的地方。

在生活又陷入困境的时候，徐悲鸿将自己的画寄给了高剑父和高奇峰。这两人是岭南画派的创始人。没想到，徐悲鸿很快就收到了高剑父的回信，信中称赞徐悲鸿画的马比唐代大画家韩干画得还好。除了盛赞，高剑父还邀请徐悲鸿为审美书馆画四幅仕女画。

按理说，画马被赞，又有约稿，徐悲鸿应当高兴。可是，口袋里仅剩的五个铜板，却让他无比心酸。他在极度饥饿中坚持画完了画，然后冒着风雪赶到审美书馆，却被告知高剑父那几日不来上班。无奈，他只好把身上单薄的外衣送进了当铺。

不过，生活总算是有了起色，欣赏徐悲鸿的人越来越多。除了高剑父兄弟外，当时的文化名人康有为、蔡元培等也给予了他鼓励和帮助。1917 年，徐悲鸿赴日本东京研究美术，回国以后，被聘为北京大学画法研究会的导师。此后，他又得到北洋政府的教育总长、大学者傅增湘的赏识。

1919 年，在蔡元培和傅增湘的帮助下，25 岁的徐悲鸿获公费赴法留学。到达巴黎后，先在各大博物馆仔细观摹西方艺术的精华，比较他们与东方艺术的不同之处，数月绝笔不画。然后入朱里安画院学习素描两月，后又考入巴黎国立高等美术学校，入弗拉芒格画室。

每次竞试，都名列前茅。课余，便到卢浮宫和卢林堡美术馆研究大师的作品，临摹德拉克洛瓦、委拉斯盖兹、伦勃朗等作品。

次年冬，徐悲鸿结识了法国国家画会的领袖达仰。从此，他每星期都去参加达仰主持的茶会。达仰勉励徐悲鸿说，学美术是很苦的事，不要趋慕浮夸，不要甘于微小的成就。数年后，徐悲鸿已是画坛新秀。先后有《怅望》《萧声》《琴课》《扶猫人像》《远闻》《马夫和马》等杰作问世。仅 1927 年就有 9 幅作品入选法国国家美展，获得很高的赞誉。

然后，怀着复兴中国绘画的决心，徐悲鸿回到久别的祖国，居上海霞飞坊。走过那条遥远的路，他早已不是昔日受尽冷落的青年。很庆幸，那些山重水复的岁月，他没有放下手中的画笔。站在顶峰，看世事沧桑，终于发现，若不经历风雨，纵然遇见彩虹，也没有多少欢喜。因为梦想不灭，所以天高海阔，才能经得起风雨。或许可以说，有梦的人是幸福的。

爱情来去之间

这世上，没有完满的人生，也没有完满的爱情。很多时候，我们不过是苦中作乐。可是，人总是有执念，以为穿过岁月尘埃，就能遇见渔火灯帆，就能永远停驻在月光水岸。多年以后，蓦然回首，终于明白，悲欢离合转头即空。我们不过是活在梦里。

徐悲鸿是个执着的人，无论人生还是爱情，他都追求极致的完美。就作画而言，他的人生已足够丰满，随着画笔闪转腾挪的时候，他的舞步足以颠倒众生。可惜，在情爱的世界里，他却落得满心萧索。

他渴望的爱情，是温暖而写意的。尤其是在被安排了那段苍白的婚姻以后，他更幻想着有个如水的女子来到身边，给他荒年里的清雅。在他 17 岁的时候，家里为他娶了妻。父母之命，媒妁之言，他最厌恶这样的字眼，却没能逃过这样的安排。

那是个明暗交替的年代，封建的樊笼虽被打破，但尘埃却依旧历历在目。无数人喊着自由和民主的口号，却总有人打着传统的旗号，修补着破旧的樊笼。无数场婚姻被莫名地安排，婚姻里的主角无比气愤，但大多数只能忍气吞声，他们借以安慰自己的，似乎只有命运无情。敢于打破樊笼的也未必就能拥有幸福，就像徐志摩，虽然狠下心弃了张幼仪，却也未能换得圆满。说到底，爱情如谜题，舍弃与坚持，都是悲喜自知。

徐悲鸿无声地接受了那段婚姻，仿佛走入黯淡风景，唯有沉默而已。后来，那位原配夫人病逝了，他们的儿子也不幸夭折了。爱情的世界里，徐悲鸿又回到了起点，他又开始幻想那如水的女子了。

然后，她真的来了。那个叫蒋碧薇的女子，如约走入了他的世界。徐悲鸿早年曾与蒋碧薇的伯父蒋兆兰和姐夫程伯威同在宜兴女子学校教书，由此建立了同蒋家的联系，深得蒋碧薇父母的喜爱，成了蒋家的常客，与蒋碧薇的缘分也就悄然间开始了。

蒋碧薇是大家闺秀，从小受到良好的教育，学过法语也学过小

▲ 徐悲鸿自画像（由中国第二历史档案馆提供）

提琴。清淡而飘洒，最初她是这个模样。相遇的刹那，她便住进了徐悲鸿的心里。而手握画笔的俊逸青年，也轻易就敲开了她的心扉。于是，尽管家里早已为她定下了亲事，她还是选择了徐悲鸿。爱得炽烈，所以勇敢。原本，她是个知书达理的女子，但是为了爱情，她不惜与家人反目。

他们私奔了，她陪他去了日本。她告诉自己，纵然山高水远，她都会在他身边不离不弃。徐悲鸿也爱得真诚，发誓要给这女子乱世的温暖。只是生活，却冷冷地站在那里，给这段爱情泼着冷水。

此时的徐悲鸿，虽然才华横溢，却是籍籍无名。初至日本的他，画作几乎无人问津。没有收入来源，又在异国他乡，日子过得很是艰难。他们蛰居在逼仄的小旅馆里，只能靠爱情取暖。同时，在故乡宜兴，蒋碧薇不顾婚约与人私奔的事也掀起了轩然大波。蒋碧薇管不了这些，她想要的，就是与那个画家厮守，哪怕清贫，哪怕萧瑟。

他去北平，她始终陪着；他去巴黎，她仍旧陪着。她认定，他就是她的归依之地，纵然雨雪纷纷，她也不愿放手。在巴黎，原本十指不沾阳春水的她，不得不面对柴米油盐的琐碎生活。她相信，那男子手中的画笔，能够画出万千风景，让全世界惊讶。当然，她也相信，他会为她画下芳草田园，让她种花种草。

无论如何，那样的冷月残年，这样的爱情是动人的。只不过，美丽的事物总是透着几分凄凉。西楼月满，执手红尘，这是许多人的梦想。然而，梦毕竟是梦，梦里纵有春江花月，梦醒的时候不过是断肠天涯。

让蒋碧薇梦醒的，是那个叫孙多慈的女学生。回国以后，徐悲鸿任国立中央大学艺术系教授。几年以后，孙多慈出现了。年华正好的女子，以温婉与秀雅，让多情的画家心灵再次震颤。当年，蒋碧薇也让他震颤过，然而十几年以后，蒋碧薇已成明日黄花，而艺术家心头爱的火焰却比从前烧得更旺，他抵挡不了那开在青春纸页上的鲜妍之花。

徐悲鸿另结新欢，蒋碧薇心事黯然。因为有人介入自己的婚姻，她的性情也变得暴躁了许多。在徐悲鸿长女徐静斐的回忆中，母亲专横跋扈，常常和父亲吵得不可开交。因此，徐静斐在感情上并不依恋母亲，倒是与后来的继母廖静文感情颇深。

曾经，他让她变得温柔；此时，他让她变得暴躁。仔细想想，不过是无法忍受别的花朵开在自家的院落。蒋碧薇对徐悲鸿的爱，无疑是深沉的。原本，她是想要与他携手到老的，同时坚信他也有这样的愿望。可是，走着走着，爱情早已变了模样。所谓地老天荒，都只是故事里苍白的誓言。纠结了若干年，他们终究还是走到了十字路口，向左向右，各自天涯。他们离婚了。

虽然情感之事从来外人难以判清，不过婚姻走到尽头时，要闹上法庭，有时逼不得已，却也是挺难堪的。才子佳人，惹上了离婚官司，这戏码也无法好看下去。蒋碧薇和徐悲鸿共同生活了 26 年，这段婚姻最后的终结是 100 万元现金和徐悲鸿的画作 100 幅。温文尔雅的徐悲鸿，也有任性的时候。爱了就是爱了，他也从不隐瞒。因此而来的重量，他也毫无怨言地承受了。

虽然在爱情的世界里旁逸斜出，但是徐悲鸿对蒋碧薇是有情的。即使在水火不容的时候，他似乎也没有忘却往日恩情。他同意了蒋碧薇所提出的赔偿条件，还将自己在巴黎为她做的《琴课》送给了她。画面上的蒋碧薇优雅专注，色调温馨而浪漫。晚年的蒋碧薇卖了不少徐悲鸿的画以维持生活，而这幅画始终悬挂在她的床头。

当时在国民党政府担任要职的张道藩，看蒋碧薇郁郁寡欢，不失时机地走入了她的生活。在她冰冷之时，他给了她炉火。蒋碧薇接纳了张道藩。不过，真正住在她心里的，仍是那个才华横溢的画家。据说，蒋碧薇在知道徐悲鸿去世时，还带着他们在法国时买的一只旧怀表，刹那间泪如雨下。她凄然地说，徐先生走了。神情里满是念念不忘。

可是爱情，到底还是在那年那月结束了。患难相随，风雨同舟，都成了回忆。爱情就是这样，开始的时候花含情水含笑，结束的时候风无意月如霜。有人说，徐悲鸿错了，不该在岁月静好的时候为新人舍弃旧人；有人说，蒋碧薇错了，不该在分手的时候让对方付出那么大的代价。或许，他们都没有错。爱情来去之间，他们各有取舍。如此而已。

水月双清万古情

“燕子矶头叹水逝，秦淮艳迹已消沉。荒寒剩有台城路，水月双清万古情。”这是徐悲鸿写给孙多慈的诗，所有的诗情画意，最终都成了云烟，只留下这样凄凉的字句。他是个画家，挥毫泼墨之间，乾坤岁月尽在笔下。而在爱情里面，他还是诗人，感性而忧郁。

写这首诗的时候，徐悲鸿大概已经料到了那场爱情的结局。落花流水，冷月无声，还在炽烈地爱着，这样的画面已是清晰可见。画面里头，他和她，两处形单只影，各自落寞悲伤。多情不似无情苦，原来真的如此。

爱情里面，他从不虚情假意。只是，时过境迁以后，爱情失去了最初的味道。初逢蒋碧薇的时候，她仿佛窗前明月。可是后来，花前月下变成了柴米油盐，这份爱情已无力点缀他艺术的生命，他就在默然间漂入了别的河流。就算没有孙多慈，还会有别的红颜走入他月满西楼的梦中。

孙多慈是幸运的，同时也是不幸的。她以绚烂的年华，装点了才子未央的梦幻，自己也因为动心付出了倾世的温柔，这当然是幸运的。人生于世，不过是在风景之间来来去去。无疑，那样如诗的爱情是极美的风景。不幸的是，她未能在他独上西楼无所挂牵的时候遇上他。于是，虽然爱得浓烈如酒，却终究要面对酒醒梦寒的凄凉。

在苏雪林的笔下，孙多慈是这样的：白皙细嫩的脸庞，漆黑的双瞳，童式的短发，秀美温文，笑时尤甜蜜可爱。苏雪林还说，与她相对，如沐春风，如饮醇醪，无人不觉她可爱。这样可人的女孩，悄然间走入徐悲鸿的世界，然后又在他的笔下走入画里。

在油画《台城月夜》里，男子席地而坐，少女侧立其左。天际皓皓明月，远处隐隐台城。少女脖子上的丝巾，随风诗意般飘动。男子是徐悲鸿，少女是孙多慈。这大概是徐悲鸿最喜欢的画面，如果可以，他愿意整个世界只剩他和她，咫尺之间，无需言语，心有灵犀。

但他又清楚，画面外有个叫蒋碧薇的女人，眼神里满是怨怼。事实上，在徐悲鸿与孙多慈爱意渐浓的时候，蒋碧薇曾冲到徐悲鸿的画室，看到孙多慈的画像就撕得粉碎。只不过，那样的行为，不仅没能挽回爱情，反而让他们之间渐行渐远。

徐悲鸿对孙多慈产生兴趣，最初还是从她的才学开始的。1930年秋，孙多慈旁听国立中央大学艺术专修科。作为教授，徐悲鸿很快从众多学生中发现了这位身材高挑的女学生。11月，他为她画了幅素描，并且在素描稿右下方写下来他对她的印象：慈学画三月，智慧绝伦，敏妙之才，吾所罕见。

▲ 徐悲鸿（由中国第二历史档案馆提供）

他大概不知道，这个才貌俱佳的女子，早已入了他的心。那样的巧笑嫣然，那样的文采斐然，他无法不动心。可是同时，他又很清楚，自己是有家室的。那条风雨长路，曾有个女子心甘情愿地跟着他，无论天涯地角。他想给她现世的安稳，直到迟暮。无论如何，他不愿冷漠地弃她而去。可是，年轻的孙多慈给了他别样的感觉。他陷入了两难的境地，也因此犹豫了很久。

1931 年，国立中央大学艺术专修科招考新生，孙多慈成绩无人能及。公布成绩当晚，徐悲鸿与蒋碧薇去朋友家赴宴，结果两人发生了激烈争吵。蒋碧薇提出了条件，或者不录取孙多慈，或者辞掉中央大学的工作。徐悲鸿几乎没有犹豫，立即选择了后者，并且以离家出走的方式，向蒋碧薇表示了自己坚定的态度。

至此，徐悲鸿与蒋碧薇之间，婚姻的线虽然未断，曾经笃定的爱情却早已血肉模糊。尽管，这年夏天，因为友人的劝说，徐悲鸿回到蒋碧薇的身边。可是爱情变了模样，相对也总是无言，再说长相厮守也就没了意义。爱情如幻梦，醒时已秋凉。他不想伤害她，最终还是伤害了。新人笑，旧人哭，爱情里面，总有辜负。关键是，在爱情成为往事之前，是否曾经真心爱过。

或许，徐悲鸿也曾想过，与孙多慈远离人群，到山中隐居，过男耕女织的田园生活，粗布麻衣也好，茅屋柴扉也好。可他到底还是红尘之人，免不了俗，爱情观和人生观摆在那里，他做不到那般超脱。这世上，许多人都是如此，心中虽有烟雨湖山，却仍要留在繁华深处。毕竟，散淡和寂静，不是谁都能忍受的。何况，灯火迷离的地方，还有许多爱恨纠葛，让人无法轻易扯断。

1934 年秋，从国外回来的徐悲鸿，带着学生到天目山写生。就在这山中，孙多慈踮起脚，伸手勾下树枝，摘了两颗红豆，轻轻放于手中，然后两拳紧握，合在胸前，闭上双眼，暗暗祈祷。之后，

她走过来，把红豆捧到了徐悲鸿面前。

不知不觉间，徐悲鸿已是泪眼模糊。他忍不住伸出两手，把孙多慈紧紧环抱在自己怀里。于是，她在他怀里，他在她心里。爱情早已深不见底。天地为证，红豆为媒。所有的流言蜚语，尽数被忘却，全世界仿佛只剩他们两个人。

天目山归来，有关他们的风言风语，很快在中央大学传开，自然也传到蒋碧薇的耳朵里。于是就有了那场画室的闹剧。次年，在徐悲鸿多方走动为孙多慈争取庚款留学机会之时，蒋碧薇悄然从中作梗，最终，在各方推荐的出国留学名单中，孙多慈的名字被勾掉了。晚年的时候，忆起这段往事，这个为情所伤的女子，仍是津津乐道。

由于蒋碧薇的吵闹与同学们的纷纷议论，孙多慈这位才华横溢的女学生在中央大学再也呆不下去了。未及毕业，她便不得不匆匆离校，回到安庆女中任教。1937 年，抗日战争爆发，次年 4 月，孙多慈随父母避难至长沙，在那里又遇到了徐悲鸿。

徐悲鸿的好友沈宜甲在中间想穿红线，不料孙多慈的父亲孙传瑗严词拒绝，原因是：徐悲鸿大孙多慈 17 岁，是两个孩子的父亲，而且始终没有扯断与蒋碧薇的关系。那晚，徐悲鸿与孙多慈携手漫步桂林街头，虽然还能谈笑风生，言语中却尽是凄凉。只是没想到，这竟是他们爱情故事里的最后画面。

极目孤帆远，无言上小楼。寒江沉落日，黄叶下深秋。

风厉防侵体，云行乱入眸。不知天地外，更有几人愁。

这是孙多慈写的诗。多美丽的爱情，只剩下这诗行里的愁肠百结！许多的阻碍，长久的煎熬，孙多慈几乎失去了爱的勇气。这段爱情，终于走入了静默。后来，她在病中写信给他，他明白她的思念，却不能给她温暖。虽然深爱着彼此，却无法缩短那距离。再后来，她嫁了人，在那场无爱的婚姻里，她过得矛盾而孤独。

为了寻求解脱，她经常借故去美国，每次去总要到王少陵先生家做客。大概是因为，那里有徐悲鸿送给主人的一幅画，画上有这样一首诗："急雨狂风势不禁，放舟弃棹迁亭阴。剥莲认识中心苦，独自沉沉味苦心。"每次看到这首诗，孙多慈都会黯然神伤。据说，这幅画原本是送给她的。他们，爱得太苦。

徐悲鸿去世后，远在美国的孙多慈沉默了很久。后来她硬撑着身子走到画桌前，铺开纸，作了一幅题为《春去》的中国画：老春暮寒，山雾四起，流水碎浪，落花残红，纤弱女子身单影孤，独自坐在溪岸。内中哀怨，如山如水如那暮色。那是她自己的身影。然后，放下画笔，她回到往事里面。有时候，往事是最温暖的去处。

俯仰无愧

人们说，非才子不能多情；人们还说，多情也必多伤。毫无疑问，徐悲鸿是真正的才子，无论诗画，都足以倾世。然而，穿过岁月尘埃，我们似乎能听到他漫长的叹息。那是多情背后的悲凉。

在两个女人之间彷徨了许久，终究还是从疲惫走向了沉默。爱情，来时仿佛花月，去时只如风影。越是美丽的东西，越容易让人伤神。在往事里辗转，就连手中的笔也凝滞了起来，画不出春花秋月，也画不出沧海桑田。他是悲伤的徐悲鸿。

沉默年月，那个叫做廖静文的女孩读懂了他的悲伤。在最好的年岁，她停留在他身边，如灯火般照着他冰冷的心，他也给了她所有的体贴和温柔。尽管相差二十几岁，但他们的故事静美如诗。可惜，相守的岁月太短暂，没等到月圆花好，就已是人各天涯。世事，真的如谜题，让人不敢去猜测。

1943 年，徐悲鸿所在的南京中央大学为了躲避战争，移校到了重庆，徐悲鸿也带着女儿徐静斐到了山城。在重庆的日子，人们总是看到一个女子的身影，她长发如瀑，旗袍下的身姿，婉婳里有端丽。她总是静静地坐在银杏树下读书，美得如画中之人，让人不忍心去打扰。她就是廖静文，也就是陪伴徐悲鸿走过最后时光的那个女子。

重庆的中国美术学院招图书管理员，廖静文报名去面试。在那次面试中，廖静文见到了仰慕已久的徐悲鸿。欣喜之余，她看清了面前的画家，风雅仍在却身影憔悴。莫名地，对这个曾经沧海的男子，廖静文突然间满是怜惜。

婚姻终结，爱情散场，徐悲鸿有些心灰意冷。可是，遇见廖静文之后，他觉得生命仿佛又鲜活了起来，整个世界也仿佛又缤纷了。然后，她在他身边做了图书管理员，闲时帮他整理画案，也会安静地在旁边看他画画。对这个年轻女子来说，这都是幸福的事。

更幸福的是，她终于知道，那名满天下的大画家，对她也是有意的。然后，她开始照料他的生活起居。她本来考上了从南京迁到成都的金陵女子大学。可是入校不久，为了辅助悲鸿的事业和照顾他的生活，又毅然决然地离开了学校，重新回到悲鸿的身边。这样的付出，让徐悲鸿在感激之余，对她十分珍视。

只是，当他们决定结婚的时候，却遭到廖静文父亲的强烈反对。不过，倔强的廖静文并没有退缩，他们终于还是结婚了。遇见徐悲鸿，她的人生注定偏离最初的轨迹。事实上，后来的她还不得不面对孤独，但她从未后悔。相濡以沫数年，对于命运的艰辛，廖静文始终认为自己是幸运的。她说，遇见那个才华横溢的男子，为他生了两个孩子，对于平凡的她来说，这是意外的幸运。爱情这件事，无论长短，只要真心相爱，哪怕是刹那相依，也值得终生回味。

爱情让人迷醉，生活却永远是那副冰冷模样。由于工资全部被蒋碧薇索走，那些年徐悲鸿的日子过得捉襟见肘。即使如此，廖静文始终不离不弃，她知道，真正的爱情，就应该如此。在最困难的时候，她甚至不得不借贷以支撑生活，却从不告诉徐悲鸿。

因为那时候的徐悲鸿，患上了严重的高血压和慢性肾炎。为了爱情，廖静文独自承担了生活的重量。在徐悲鸿处于危险期的时候，她始终陪在他身边。经过许多个不眠之夜，她头发凌乱，眼圈发黑，憔悴不堪。尽管如此，她还是没有挽留住他。1953 年 9 月，徐悲鸿病逝了。

世事无常，该来的总要来，该去的总要去。人生与爱情，不过就是风中转烛，明灭之间，许多事已成了云烟。所谓的西楼月满，不过是独立残阳。后来的许多年，廖静文虽然过得寂寥，但是带着那份爱度日，倒也不曾绝望。

徐悲鸿去了。可是多年以后，人们仍然记得他的风姿。他喜欢画马，大笔挥洒中，骏马跃然纸上，尽是洒脱不羁。其实，与其说是画马，不如说是在画他自己。虽然印象中的他总是温文尔雅，但他其实是倔强而孤傲的。他的座右铭就是：人不可有傲气，但不可无傲骨。若无傲骨，恐怕画不出马的风神。

作为有正义感的画家，徐悲鸿对当时国民党政府的独裁深恶痛绝。名声鼎盛的他从巴黎刚回来，蒋介石就特意差张道藩前来请徐悲鸿给他画一张半身像。张道藩说尽了好话，并许以高官厚禄，都被徐悲鸿断然拒绝了。在威胁他不成以后，张道藩拂袖而去。时隔不久，在争取民主反对独裁的活动中，徐悲鸿毅然签了名。蒋介石勃然大怒，以暴力逼迫徐悲鸿撤回签名并登报否认。徐悲鸿严词拒绝，答复很简单：要杀要剐悉听尊便。虽是柔弱书生，也可长虹贯日。这才是生命的极致。

1943年，徐悲鸿的《灵鹫》在重庆展出，引起轰动。抗战胜利后，陈纳德将军即将回国，蒋介石要送礼物，他指名要这幅画。国民党大员出面请徐悲鸿开价，要买下这幅画，来了好多回，都被徐悲鸿拒绝了，无论出多高价钱，他就是无动于衷。为了防止总统再派人来纠缠，徐悲鸿在画的下角题上“静文妻保存”五个字。

后来，徐悲鸿听说想要《灵鹫》的是不远万里来到中国，为了中国人民的抗战事业出生入死的陈纳德，颇觉得不应该，就专门画了《八骏图》相赠，分文不取。喜欢什么，厌恶什么，他心里很清楚。

进退之间，风骨尽显。

这样傲然的徐悲鸿，其实也是个热心之人。1932 年，徐悲鸿带着学生到庐山写生，归来途经南昌小憩，遇见迷惘中卖画的傅抱石，因为赏识其才华，徐悲鸿用自己的画换了经费，让傅抱石去日本求学。多年以后，傅抱石仍对徐悲鸿的知遇之恩感念于心。

徐悲鸿非常赞赏齐白石的人品画技，称他是真正的艺术大师。为了请他出山任教，徐悲鸿曾三顾茅庐。齐白石先是婉言谢绝，后来有感于他的诚意终于还是答应了。开学那天，徐悲鸿亲自乘着马车把齐白石接到学校，向全校师生恭敬有加地介绍了齐白石。考虑到齐白石的确年事已高，徐悲鸿还给予多方照顾：入冬以后天气寒冷，给他在讲台边生个火炉；到了夏天，又给他装个电扇；刮风下雨，又派车接送往来。可谓无微不至。这就是徐悲鸿，可以傲霜如雪，可以俯身如尘。俯仰无愧，他向来如此。

只是，世事茫茫，带着他的画笔，他去了远方。虽然来去匆匆，但他的人生已足够丰盛，于书画，他可以天马行空；于爱情，他可以倾心倾意。当然，他所拥有的，除了才华与爱情，还有文人该有的性情。

朱自清：腹有诗书气自华

水流花谢两无情，送尽东风过楚城。
蝴蝶梦中家万里，子规枝上月三更。
故园书动经年绝，华发春唯满镜生。
自是不归归便得，五湖烟景有谁争？

朴素中的风华

远远地，看到了他的身影，温雅谦和，却又不似印象中才子风流倜傥的模样。在人海里走着，些许憔悴，些许孤寂。那样的乱世，他匆匆经过，有过激越也有过寂静，有过欢喜也有过悲凉。最终，他将生命交还给岁月，了断了所有的悲欢离合。绝尘而去，或许是生命的归途，或许是最后的流浪。无人知晓。

他是个安静的人。虽然年轻的时候也曾傲然站立在喧嚷的大地上，与众多同样年轻的人们，让生命尽情盛放，但更多时候，他喜欢独自的清欢。与斜阳晚风为邻，与山光草色为友，是他的性情。他是朱自清。

江南，是他出发的地方。在他的许多诗歌和散文中，总有江南的影子，或以江南为情感聚焦点，或以江南的生活为表现对象，或以江南为叙述背景，总之，江南是他的一个情结。到了晚年，这种情结并没有随岁月的消逝而冲淡，相反却愈发浓烈，所以他在《我是扬州人》中干脆说：扬州好也罢歹也罢，我总该是扬州人的。

对朱自清来说，江南不仅是他的家乡，是他度过青少年的地方，是他亲人安眠的地方，也是他最愿意停留和沉醉的地方。可以说，是江南，赋予了他作为艺术家的艺术质地和美学个性。

提起江南，人们总会想起温润的气候和秀丽的山水，当然也会想起云天下的小桥流水人家。这里，有过曹雪芹、施耐庵、吴承恩；有过吴敬梓，是唐伯虎、吴昌硕。现在，朱自清来了。他从那个水光潋滟的地方，走到遥远的地方，却又仿佛从未离开江南。

朱自清的父亲和祖父都曾在清朝为官，因为他是家里长子，所以对他十分重视，管束得也很是严苛。年幼时，朱自清接受了正式的私塾教育，为他未来的创作打下了坚实的中国传统文化的基础。当时朱自清的父亲朱鸿钧在生活上对朱自清无微不至，但学习上则非常严格，每天结束劳累的工作以后，还要亲自检查朱自清的功课。

朱自清没有辜负家族的期望，从小就聪明好学，而且比同年人稳重安静。在老师的眼中，这个朴素的孩子，有点少年老成，不苟言笑，学习认真，做事踏实，从不缺课。平时他喜欢看小说，对文学有浓厚的兴趣，颇有志向，曾自命为文学家。后来，他如愿考上了北京大学。于是，他从江南走了出来，走上了属于他的旅程。肯定的是，无论身在何处，他的文人气质从未改变。

为了激励自己不随流俗合污，他将原来的名字朱自华改为了朱自清。意思是廉洁正直，使自己保持清白。纵观朱自清生平，他的确做到了自清。满世界的物欲横流，他却独守着寂静清白。

20岁的时候，父亲失去工作，他们的家庭经济特别拮据，朱自清不得不开始承担生活的重负。朱鸿钧本来是个小心谨慎的人，但是升职以后，身边到处都是拍马屁的人，在众多小人的恭维和引导下，他的性子居然也有所变化。被奉承的多了，加上收入增加，深感飘飘然的朱鸿钧居然连续娶了两房小妾。后来，两房小妾出现矛盾，大闹了起来，终于成了丑闻，传遍了街头巷尾。上级认为朱鸿钧有辱斯文，不久就将他罢免了，他只得回到扬州老家，开始了后面几十年落魄的生活。

从北京大学毕业后，朱自清辗转于江南各地教书，生活得很不安稳。父亲在家赋闲，弟弟妹妹又很小，全家就靠着以前的积蓄和他的收入生活。而朱自清本人也有妻儿需要抚养，全家的生活压力非常重。除了生活的压力意外，朱自清与父亲的矛盾也不断加深。朱鸿钧因为纳妾丢官这件事真的很不光彩。朱自清本人也因为这件事受到社会的非议，颇感羞愧，他认为父亲行为不当，不该闹出那样的丑闻。

他们终究是两个世界的人。朱自清是被新思想熏陶过的，朱鸿钧却是标准旧思想的老头子。朱自清当了老师以后，朱鸿钧虽然赋闲，却始终认为自己是家里的主人，必须掌握全部的财物，甚至，朱自清在扬州省立八中当教务主任时，朱鸿钧曾凭借与校长的私交，直接拿走了他的薪水。朱自清对父亲蛮横的作风十分不满，父子两人出现了激烈的争吵，朱自清带着妻儿愤懑地离开了扬州。

尽管如此，朱自清还是每月都寄钱到家里，贴补家用。不过他与父亲的关系却几近破裂。1922 年，已经为人父的朱自清觉得对父亲有些过分，带着妻儿回扬州省亲，实际上是希望缓和同父亲的关系。但是朱鸿钧非常固执，先是不准朱自清一家进家门，虽在家人劝说下让步了，却不理睬朱自清。朱自清感到很没趣，几天后就悻悻离去了。第二年，他再次回家，仍是同样的境遇。其实关键在于两人都认为自己没错，都不愿向对方道歉。

朱自清与父亲的矛盾，直到 1928 年才得以化解。那年，朱自清收到父亲的信，信中这样写道：“我身体平安，惟膀子疼痛厉害，举箸提笔，诸多不便，大约大去之期不远矣。”这封信让朱自清感慨万千，连续几夜辗转难眠，想起父亲之前对他的种种照顾和督促，尤其回忆起 1917 年他去北京大学就读时父亲去送他的场面，突然间已是泪眼迷离。于是，他挥笔写下了散文《背影》。秋天，卧病在床的朱鸿钧读了这篇散文，不自禁的老泪纵横。父子矛盾终于冰释。

印象中的朱自清，是温和平静的，但是当他固执起来，也是无人可以改变。于是我们看到，后来在生活极其清苦的时候，他还坚决地拒绝美国救济粮。为了表明自己的立场，原本优雅的他，挤在人群里扭秧歌。

了解他的人都知道，那并非故作姿态。固然，他有他的低沉和落寞。但别忘了，他也是个傲然的江南才子。清淡如他，寂静如他，也会在某些时候固执到让人叫绝。生命的华彩，不在于寻常的飞扬恣肆，而在于不经意间的琴声悠扬。

事实上，即使是在学校，朱自清也经常显露出几分固执。他常常和学生争得不可开交。不过，在学生面前，他倒也风趣。争论无法停止，他偶尔会这样说："你们不易说服我，我也不易说服你们，甚至我连我的太太也说不服，虽然民主的精神在于说服。"

他是个内向腼腆的人。课堂上的他，总是这副模样：矮矮胖胖的身材，方方正正的脸，留着平头，配上青布大褂，完全不是风度翩翩的才子风范。从上讲台开始，他便不断地讲到下课为止。然而，因为紧张，即使是背诵过多次的内容，他也常常讲得结结巴巴，越紧张越着急，每每弄得满头大汗。若是有学生提问，他甚至会慌张到脸红，直到问题解决，才会平舒下来。

在学生吴组缃的回忆中，朱自清上课时神色总是不很镇定，面上总是泛着红。他讲的大多援引别人的意见，或是详细地叙述一个新作家的思想与风格。他极少说他自己的意见；偶尔说及，也是嗫嗫嚅嚅的，显得要再三斟酌词句，唯恐说溜了一个字，但说不上几句，他就好像觉得自己已经越出了范围，极不妥当，赶快打住。于是连连用他那叠起的白手帕抹汗珠。

这就是朱自清。不管做教师时是何种模样，人们熟悉的，仍是他人海深处的诗情画意。远离人群，远离尘嚣，他会拿起笔，写下岁月陈迹，自然地，也写下生命的悲喜。他是个安静朴素的人，但是当他清欢独自，风华也就从朴素中透了出来。

济世与隐逸

面对乱哄哄的世道，朱自清显得无所适从，颇有些我招谁惹谁了的意思。毕竟，他是个清雅的文人，而世事却是流离惝恍，看不到古人，看不见来者，只有茫然无措的人们，在灯火阑珊的道路上，寻寻觅觅却又不得其所。

他是个感性的人。月圆月缺，花开花落，都能牵动他的情感。每每这时候，他就必然要在文字里默然栖息。他在《荷塘月色》中说，他爱热闹，也爱冷静；爱群居，也爱独处，寂静的夜晚，独自在苍茫的月光下，什么都可以想，什么都可以不想，便觉得是个自由的人。白天要做的事要说的话，那时候都可以不理。当他栖息于文字，也就远离了喧嚣。

于是，顺着漫长无际的思绪，他甚至会想起采莲的画面。两千多年前，西施就曾出现在这样的画面里，那时候，为她而流连的人们挤满了若耶溪两岸。可惜，时过境迁以后，那样的情节和画面，几乎已被遗忘，只剩下幽幽的气息被少数人惦记着。或许，想起这些，朱自清也会感伤。感伤过后，回到纷乱的世事里，过清简散淡的日子。

当然，身为文人，在那样的乱世，想要独善其身，过简单的生活，其实是很难的。岁月颠簸，谁都不能只倾心于明月清风。事实上，朱自清既有济世之心，又有隐逸的情怀，身在纷乱时局之中，难免不知所措。可以说，他是彷徨着走过岁月的。青年狂热，既而狷介，中年中庸，暮年复狂。这大概就是朱自清性格变化的大致脉络。而

▲ 朱自清（由中国第二历史档案馆提供）

这样的变化背后，是起伏不定的乱世风云。

“五四”时期，正值弱冠之年的朱自清意气风发，作为北京大学学生，他热血沸腾地投身于学生运动，参加了 1919 年 5 月 4 日当天在北京举行的示威游行，然后又与数千名北大学生奔走相告，要求当局释放因火烧赵家楼而被关押的北大校友。他还与邓中夏、高君宇等人参加了讲演团，经常在街头群众中间慷慨激昂地讲演，以示爱国救国之心。同时，在当时许多文学社团里，也总能看到他的身影。

那时候的朱自清，如许多热血青年那样，怀着横扫旧世界的壮志，指点江山，激扬文字。无论是面对政治问题，还是面对文学创作，他都充满激情，敢做敢说。他是这样的人，可以独坐书斋临风对月，也可以疾走人群笑看风云。只不过，过了年少轻狂的年岁，他突然间回归了平静。

毕竟，他只是个文人。视野中的世界，生命不断零落成尘，人性仍在苦苦挣扎，他终究是退缩了。鲁迅说，真的勇士，敢于直面惨淡的人生，敢于正视淋漓的鲜血。鲁迅是真正的勇士，敢于从人群里走出，站到乱流风雨之中，登高而呼。朱自清却不同，面对烽火不息的乱世，他更愿意独自流连于芳草田园。这也没什么错，只是低沉罢了。

对他来说，这便是中庸。尽管，他也无数次反思过自己的胆怯，并且说，因害怕而归于木然，实在是可耻的，但是最终，他还是选择了暂时的超然世外。他深深地感到了文人在革命年代的苍白无力，也就只好抱着酒壶，在远离战火的地方，不安地沉醉了。

从朋友的评价中，可以深刻地了解朱自清的中庸性格。孙伏园说他和平中正，从来不用猛烈刺激的言辞，也从来没有感情冲动的语调；沈从文说他凡事平易而近人情，拙诚中有妩媚，外随和而内耿介，近乎历史中所称许的纯粹君子；李广田则认为，朱自清是至情至性之人，他的热情就包含在他的温厚谦恭里。

抗日战争爆发后，朱自清随清华大学南下长沙和昆明。虽然身处大后方，但是如火如荼的抗战形势，不可避免地影响了他的内心

选择。渐渐地，他察觉到自己所奉行的中庸之道的消极性。那些年，他始终站在角落里冷眼看人生，并不曾跑到人生的中心去。反省之后，终于发现，这种冷眼旁观明显带着玩世的意味。于是，他开始尝试着走出角落，继而走到乱世的中央，接受风雨的洗礼。

他不再避世，不再是书斋草堂里醉意阑珊的文人。尽管略显迟疑，也有些战战兢兢，但毕竟，他走了出来。对于这样的转变，他是这样说的："早些年他们还可以暂时躲在所谓象牙塔里。到了现在这年头，象牙塔下已经变成了十字街，而且这塔已经开始在拆卸了。于是乎他们只有走出来，走到人群里。"

不过，刚走出来，就遇到了两难的选择。抗日战争胜利以后，面对国共两党对峙的严峻局势，知识分子必须在两难的时刻做出抉择，鲜明地表达自己的立场。朱自清也不例外，但是很意外，他几乎没有犹豫就做出了自己的选择。然后，他成了大义凛然的民主战士。

1945 年，以张奚若为代表的西南联合大学的 10 名教授，联名致信正在重庆进行谈判的蒋介石和毛泽东，提出结束个人独裁专断、选贤任能等政治主张。这封信的起草者就是朱自清。1946 年，闻一多被国民党特务刺杀，作为闻一多的好友，朱自清感到无比震惊，痛骂国民党卑鄙。此后，他冒着被捕的危险，赴成都参加了李公朴和闻一多的追悼会。1947 年初，国民党反动派以清查户口为名，在北平逮捕了 2000 多人。朱自清又在抗议当局任意逮捕人民宣言上签名，1947 年 5 月，他在《为反内战运动告学生与政府书》上签名，声援学生反饥饿、反内战的正义行为。

既然做出了选择，他便从没有后悔。他是文弱的书生，却也是坚定的战士。没想到，过了中年的平淡静默，他骨子里的倔强与傲然，会尽数释放出来。文人风骨，民国风姿，都在他不惊不惧的身影里。

那些年，朱自清的身体很不好，胃病时常发作，他收入不多，家用又大，经济非常拮据。朱自清除了上课就日夜伏案写作，希望以菲薄的稿酬来弥补家用。但些许收入，无济于事，最后总是入不敷出，相当狼狈。

尽管如此，1948 年 5 月，胃病已经到了晚期的朱自清，急需补充大量的营养，却毅然在《抗议美国扶日政策并拒绝领取美国面粉宣言》上庄重地签上了自己的名字。直到最后，他还告诉家人，不要购买美国面粉。宁可饿死，不食嗟来之食，这是他的骨气，也是文人应有的态度。

暮年的朱自清，还数次参加扭秧歌。试想想，这个习惯了在书斋沉吟静思的文人，戴上红花，穿上花花绿绿的衣服，在人群之中扭摆身姿，那是怎样滑稽的画面！然而，忍俊不禁之余，突然间明白，那也是他的勇敢。这样的勇敢，不仅在于站在狂流之中，还在于放下书生的清高。

寂静也好，疏狂也好，他终究是去了。人生起伏，岁月沉浮，他都不再过问。他是倔强地离开的，却也带着些许无奈。说到底，他还是个文人，采菊东篱，种豆南山，或许他想过这样的生活。但是最终，乱世之中，他的人生转了方向。在济世与隐逸之间，他走得悲凉。

生死两茫茫

世事无常。只这几个字，就足以让人迷惘大半生了。当你终于了悟，选择聚散随缘的时候，已是夕阳西下。暮色下的人间，总有人在摇椅上说着故事，总有人在炊烟里等着离人。却往往是这样，故事悄然落幕，离人还在天涯。

于是，就连幸福，也变得轻飘飘的，没有几分力量。幸福是这样，可以在风雨患难中长出，也可以在相濡以沫里遗失；可以从柴米油盐里生成，也可以在风花雪月里消隐。不管怎样，珍惜眼前之人，是最重要的。谁都知道，生离死别，只在刹那。

尽管憔悴清贫，但其实，朱自清是有过幸福的。首先给他幸福的，是那个叫做武钟谦的女子。她不曾给他花前月下的诗意，却给了他残年冷月的安稳。可惜，造化弄人，在他们清淡的日子里，很无奈地遭遇了命运的冰凉。

在朱自清将要去北京求学的那年，武钟谦走入了他的世界。按说，朱自清是饱受各种思潮洗礼的进步青年，对媒妁之言等古老情节颇为不屑，但是那时候，他却并没有反对。后来，娶了那个女子，他也从未后悔。

腹有诗书气自华，这就是朱自清。初见他的时候，武钟谦便被他沉默外表下的书卷气深深吸引了，于是就在心里认定，他就是她前世今生的有缘人。因为心中始终存着钦佩，她便甘愿站在他身后，给他荒年里的温暖。

武钟谦是个温柔贤惠的女子，他是扬州名医武威三的独生女，与朱自清同庚，14 岁那年就与朱自清定了婚。当朱自清以优异成绩考上北大，朱家欢喜之余，同年冬天为他们完了婚。结婚 12 年，武钟谦为朱自清生了 6 个孩子，最小的那个女儿周岁时不幸夭折。无论是离是合，无论生活多么艰难，她从无怨言，也从不发脾气。有时朱自清发脾气，她不会吵闹，只是默然落泪。

为了朱自清，她受了太多的委屈。那时候，朱自清在北京上学，朱鸿钧赋闲在家，朱家基本以典当勉强度日，武钟谦几乎承担了家里所有的重量。同时，她还要忍受家里逼仄的气氛。因为丢了工作，朱鸿钧脾气越来越暴躁，家人经常为小事而争吵不休。

原本，武钟谦在娘家也是掌上明珠，生活无忧无虑，她的性格也很开朗。但是在朱家，生活日渐惨淡，她偶尔的笑意都会招来无端的白眼和没来由的冷嘲热讽。渐渐的，她失去了笑容，性格变得忧郁，经常掩门垂泪，独自忍受。日子久了，听到别人的笑声都觉得刺耳。而她从不对朱自清说起。朱自清看着她性情的转变，十分心疼。但是，鞭长莫及，无济于事。数年后，朱自清以武钟谦这段生活为原型写了《笑的历史》。

本来，朱自清母亲对亲选的这个媳妇是喜欢的。但是，旧式家庭妇女见识少，她将家境的败落归咎于媳妇的爱笑，又害怕武钟谦会慢慢爬到自己的头上，所以处处对武钟谦严加防范，以至 1921 年朱自清从扬州八中辞职离扬，也怀疑是她挑唆，继而将她和孩子赶回娘家。而此时武钟谦的父亲已续弦，继母对武钟谦非常冷，父亲也不能给她往日的呵护，她在娘家忍气吞声过了三个月。

武钟谦身上最让人感动的，除了不辞辛劳，还有善解人意。因为骨子里认定嫁给才华横溢的丈夫是自己前世修来的福分，所以他所有的困苦和无助，她都愿意去背负。朱自清读北大时，因为家中光景惨淡，后来几乎到了山穷水尽的地步，武钟谦毫不犹豫地把陪嫁的金镯子换了学费给丈夫。

朱自清的生活中是不能没有书的。对于这件事，武钟谦很清楚。为了丈夫的书事，她曾有如下举动：先是她让父亲的男佣人把书从家乡捎到上海去，男佣人大概是为书所累，说了几句闲话，她竟然气得在父亲面前哭了；后来，逃难的时候，她始终带着朱自清的书，别人都笑她傻，她的答案是：丈夫爱这玩意儿。爱到深处，他已是她的全世界。

但在那些冰冷年月，她只能苦苦守候云开月明。因为有她，朱自清总觉得踏实，因为他知道，纵然世事如谜，让人没有着落，至少在远方，有个沉静的女子在盼着他的归期。她的温柔和恬淡，是他永远的栖身之所。

朱自清大学毕业后，当上了教师，他们的日子总算有了起色。1922 年 9 月，朱自清到台州任教，不想再忍受分离之苦，又和父亲发生了激烈争执，就将妻儿带到了台州。然后，他们开始了那段简淡的生活。

武钟谦亦很喜欢这种生活，她每天的幸福守望是这样：无论刮风下雨，都要送丈夫到大门口，目送着他的背影渐行渐远。朱自清的朋友很多，朋友来了烹茶煮酒，谈到高兴处，无所顾忌，她不烦不恼，总是笑脸相迎、盛情招待。相夫教子，流年似水，在她看来，

▲ 朱自清，清华大学教授（由中国第二历史档案馆提供）

就是最大的幸福。

朱自清喜欢简单，所以很害怕孩子哭闹。每次吃饭时，他看到孩子们坐下来，有的要吃干饭，有的要吃稀饭，有的要喝汤，吵吵

嚷嚷的，就觉得心里烦躁，性急时还会挥起巴掌打下去。也只有在孩子们都吃饱喝足跑开后，他才算舒了口气。妻子武钟谦则不同，她性情温和，对孩子们总有极大的耐心。

不管怎样，经历过飘萍岁月的朱自清，也终于体会到了幸福的味道。所以，他在《冬天》里这样深情写道：“外边虽老是冬天，家里却老是春天。有一回我上街去，回来的时候，楼下橱窗开着，并排地挨着他们母子三个，三张脸都带着天真的微笑向着我。似乎台州是空空的，只有我们四个人；天地是空空的，也只有我们四个人。”满满的，全是幸福。

其实，幸福原本可以很简单，茅庐小径，粗茶淡饭，有儿女绕膝，有鸡犬相闻，若能不离不弃，便是幸福。繁华之中，几杯茶，几卷书，几段乐曲，几抹云烟，心若无尘，也便是幸福。世间的人们，总是在寻找幸福，其实是要得太多。

然而，在生活面前，朱自清和武钟谦，还是败了下来。平静的日子里，突然间风雨如晦，这就是生活的本来面目。武钟谦本来患有肺病，但忙于家庭琐事，照顾孩子，照顾朱自清，却毫不关心自己的身体。到后来，她天天发烧，怕丈夫担心一直瞒着。本来躺着休息，听见朱自清的脚步声，便一骨碌从床上坐起来。日子久了，终于被朱自清发觉。他带着妻子到医院检查，发现病情十分不妙，肺部已经溃烂。

大夫劝武钟谦到西山疗养，可她丢不下孩子，又怕花钱，身体还是日渐虚弱。1928 年 10 月，朱自清决定送武钟谦回扬州养病。送她到车站时，她泪眼模糊地说：“还不知能不能再见！”没想到，竟然是永别。月余之后，武钟谦离开了人世。噩耗传来，朱自清肝肠寸断。往昔的幸福，碎落成了满地的凄凉。

后来，朱自清从北京起程往欧洲旅游，他走了 5 个国家，12 个地方，写成了脍炙人口的《欧游杂记》。他回国时，已经是前妻去世的第三年了。去祭扫前妻的坟墓。空山寂寂，荒草漫漫，碧落黄泉，隔得太远。或许，那时候他会想起苏轼那首《江城子》。

“十年生死两茫茫，不思量，自难忘。千里孤坟，无处话凄凉。纵使相逢应不识，尘满面，鬓如霜。夜来幽梦忽还乡，小轩窗，正梳妆。相顾无言，惟有泪千行。料得年年肠断处，明月夜，短松冈。”隔着八百多年，同样的情境，同样的悲伤。蓦然回首，灯火阑珊，往事早已迷离。

爱已湮灭沧桑

你幸福的时候，它会莫名奉上霜雪；你不幸的时候，它却总是冷眼旁观。这就是生活。当你苦心孤诣破解生活谜题的时候，或许你早已走入了山重水复。世间之人都只愿做对弈者，然而，真实的情况是，岁月的棋盘上，每个人都只是棋子。所有横平竖直的游走，不过是无可奈何的彷徨。

结发妻子离世，朱自清在悲痛之余，打定主意不再续娶。可是在接下来的两年里，他的日子却变得混乱不堪。既要外出工作，又要抚养5个最大也不过10岁的孩子，其艰难程度可想而知。尽管如此，当朋友们劝他续娶的时候，他都因割不断对亡妻的思念，婉言谢绝了。

直到遇见陈竹隐，朱自清才结束了心如止水。就像许多故事里的主角，虽然很笃定地想要隔绝爱情，但是遇见可心之人却又忍不住心花怒放。朱自清的人生中，如果没有陈竹隐，便少了些民国文人该有的浪漫。多年以后，许多事都已成了岁月陈迹，他们的故事，却如陈年老酒，让无数人品了又品。

蓦然间，故事就开始了。那日，朱自清被朋友们拉着去了酒楼，遇见了年轻的陈竹隐。后来他才知道，这其实是朋友们安排的桥段。尽管开始的时候有过插曲，结果却是好的。突然之间，朱自清那颗沉寂的心又活络了起来，夏风冬雪的情怀也恢复了生机。

初见的那天，朱自清戴着眼镜，穿着米黄色绸大褂，显得温文尔雅，可是脚上却穿着过时的“双梁鞋”。结果，与陈竹隐同去的女伴，看到他那双土里土气的鞋，竟忍俊不禁，悄悄对陈竹隐说：“你瞧，他这种穿法简直就是个土包子，你坚决不能嫁！”

陈竹隐只是笑了笑，并未言语。但她心里，却早已有了答案。其实，见面之前，陈竹隐早已为朱自清的才气所折服了。于是，在她眼中，朱自清就是儒雅沉静、才华横溢，至于衣着打扮，她并不在意。见面之后，她便决意走入他的世界。所以，当朱自清再约她时，她就欣然赴约了。

温婉明媚，落落大方。这就是陈竹隐给朱自清的印象。只因如此，他久久关闭的心扉，才会被这女子悄然间撞开。他对亡妻的感情没有半分虚假，否则也不会无数次在回忆里陷入悲伤不能自拔。不过，那样的感情，与其说是爱情，倒不如说是相濡以沫后的不离不弃。陈竹隐给他的，却是真正动心的感觉。

陈竹隐是四川人，比朱自清小 5 岁。虽然她出生于贫寒之家，早年又经历了丧失父母之痛，但她勤奋好学，从四川省立女子师范学校毕业后，毅然只身前往北平，在艺术专科学校读书。她的爱好很多，除了紧张的课程外，还学习国画和昆曲，可以说是个多才多艺的女孩。在此之前，假如朱自清幻想过诗酒流连琴瑟在御的画面，那么，画面里的女主角定是陈竹隐这样的女子。

不久之后，北京城的大街小巷里，就有了他们丽影成双的画面。他们经常相约去吃饭或者看电影。当时，北京的电影院虽然不比上海的电影院奢华，却也是热恋中男女的好去处。有时候，他们也去香山游玩。枫林之中，陈竹隐轻轻地吟诵杜牧诗句“停车坐爱枫林晚，霜叶红于二月花。”身后的朱自清立即回应“枫叶罗裙一色裁，芙蓉向脸两边开。乱入林中看不见，闻诗始觉有人来。”抬头之际，双眸相遇，已住到了彼此心里。

因为住的远，往来不便，很多时候他们只能鱼雁传情。爱情就在那些信件里，渐渐走到了结婚这步。此时，两人却都犹豫了。朱自清生活向来清贫，他担心自己给不了陈竹隐安稳的幸福。陈竹隐虽然相信朱自清值得托付，却又很明白，爱情里可以只有风花雪月，婚姻里却必然要面对柴米油盐。而且，想到结婚后要成为 5 个孩子的继母，她不知道自己是否能承受那样的重量。于是，她有些彷徨，不经意间疏远了朱自清。

为此，朱自清很伤感。他的伤感，又让陈竹隐难过。尤其是当他在信中说自己胃又开始疼痛，陈竹隐感同身受，不安之余，恨不得马上去见他。不管怎样，两个人都不曾放弃这段爱情。相反，在若即若离的日子里，许多事反而变得明朗。

经过慎重考虑，陈竹隐终于决定，为爱勇敢，哪怕是飞蛾扑火。她认定，既然选择了这个男人，就要与他分担所有的风霜雨雪。就像汪国真笔下所写：在一往情深的日子里，谁能说得清，什么是甜什么是苦，只知道确定了就义无反顾。陈竹隐，选择了义无反顾，她无怨无悔。

1932 年 8 月，朱自清和陈竹隐在上海举行了婚礼。前来参加他们婚礼的客人很多，包括朱自清在上海的许多朋友，叶圣陶、夏丏尊、胡愈之、沈雁冰、柳亚子等。那日，朱自清喝了不少酒，以至于后来醉得不省人事。那年，朱自清 33 岁，陈竹隐 28 岁。

结婚以后，他们的日子虽然清淡，却也很不轻松。陈竹隐为朱自清生了 3 个孩子。为了让丈夫安心工作，也为了照顾孩子们，陈竹隐付出了全部的心力。家里的生活，只靠朱自清教书和著书的收入来维持，日子过得艰辛，她却毫无怨言。甚至，孩子们该请家庭教师了，因为手头没有多余的钱，焦急不安的陈竹隐，为了不让丈夫分心，偷偷地跑到医院卖过好几次血。

曾经，她也是诗情画意的女子。但此时，为了生活，她不得不做出牺牲。将画笔尘封，将昆曲搁置，虽然让她颇觉无奈，但她很清楚，烟火人间的幸福，总要有人静默付出。因为爱情，她愿意跟随朱自清泅渡荒凉，哪怕生活惨淡，只要彼此伴着，粗茶淡饭也好，

▲ 1944年，西南联大教授朱自清（左一）、罗常培（中）、闻一多（左四）、王力（右一）等合影。（由中国第二历史档案馆提供）

布衣荆钗也好。这是她的选择。

抗日战争爆发，朱自清带着家人南迁到昆明。他们的日子更加窘迫了，有时甚至连日常三餐都不能保证。望着日渐消瘦的丈夫和孩子们，陈竹隐很是心疼。为了减轻朱自清的负担，她毅然带着孩子们回到成都，独自担负起了抚养孩子的重担。那些年，朱自清每逢假期都要去成都与妻儿团聚。但是，更多的时候，隔着千山万水，他们只能悲凉地遥望。

后来，他们终于团聚，但是生活，却无情地给他们的故事画上了惊叹号。这次，走的是朱自清。故事再美，也总要有人先走。走了的固然不舍，留下的却更加不幸，既要承受悲伤，又要面对荒凉。朱自清走了，只留给陈竹隐漫长的荒年冷月。

这女子选择了坚强。就像许多故事里的台词，她必须为他，好好地活着。她收起了悲伤，独自带着 8 个孩子，走过了 42 年的漫长道路。然后，带着对孩子们的眷恋，她离开了人世，走得很坦然，也很安详。

在陈竹隐过世 7 年后，子女们搬家时意外地发现了一只小箱子，里面保存着完好的 75 封书信，其中 71 封是父亲在恋爱期间写给母亲的，还有 4 封是父亲婚后写的。蓦然间明白，那些信笺，是她厮守大半生的精神寄托。

如今，信笺和岁月都已泛黄，那段故事却依旧清晰。他们相守的时光不过十余年，但在这样短暂的年光里，他们是彼此最美的风景。他们的爱情，如明月清风，不含半点杂质。多年以后，这样的爱情，依旧能轻轻拨动世间红尘男女的心弦。爱到无声，早已湮灭了沧桑。

卞之琳：多情自古空余恨

凌波不过横塘路，但目送，芳尘去。

锦瑟华年谁与度？月桥花院，琐窗朱户，只有春知处。

飞云冉冉蘅皋暮，彩笔新题断肠句。

试问闲愁都几许？一川烟草，满城风絮，梅子黄时雨。

人生断章

世间路有千万条，大多数人选择了阳关道，却也有人选择了独木桥。谁都知道，阳关道少些崎岖，但是走的人太多，混乱拥挤不堪，便会成为迷途。远远望去，独木桥上几个身影，借着灯烛之光，饮酒品茗写诗，很是悠然自得。当然，独木桥上的风景，也只有那些心性淡泊的人有幸品读，常人虽深知世事苍茫，还是要寄身人海之中。

卞之琳应是走在独木桥上的那种人。选择了诗，也就选择了孤独，但他从未后悔。有生之年，他将岁月与情怀，都交给了诗，走得散淡如尘，仿佛不曾经过繁华。烟雨之中，月光之下，有他独自的身影。就那样沉吟着写诗，人们说他活得太寥落，但是仔细看去，属于诗人的风华与风流，也就在这样的寥落中寂然而生了。

印象中，诗人应该是浪漫和热烈的，古代如唐寅，现代如徐志摩，当代如顾城，唐寅风流，“笑舞狂歌五十年。花中行乐月中眠”；徐志摩轻灵，“轻轻的我走了，正如我轻轻的来”；顾城孤傲，“黑夜给了我黑色的眼睛，我却用它寻找光明”。而卞之琳的性格中，却少了些洒脱，多了些内向矜持。所以，在爱情里，他也总是显得彷徨苦闷。

他遇见了那个令他心动的女子，从此念念不忘几十年，却始终不敢表白，终于伊人飘然而去，他只能在空寂的大地上守着回忆继续徘徊。悸动就在心中，他却只能通过写诗来小心翼翼地试探，还生怕别人瞧出他的心思。过于细致和敏感的性格使得他在爱情面前徘徊不前，终于落得人各天涯。

或许是醉人的江南烟雨，给了他那样的性情，但分明又不对。同样来自江南，唐寅那样风流不羁，他却沉静内敛。生命气象，往往由骨子里的性情决定。他是卞之琳，永远学不会恣意不羁，也永远学不会豪放癫狂。当然，他也无须学会那些，清雅恬淡，没什么不好。

路过江南，仍是烟雨迷离。依稀记得，有个懵懂少年，在那样的云水之间，捧着诗书憧憬着远方。那时候，他成天浸润在父亲珍藏的古籍里，在氤氲的书香里日渐沉迷，醒转的时候，在月光水岸，写下几行词句。留恋着那样的年华，渐渐地，他已远离了不识愁滋味的时节。

中学时，国文教师杨宗时推荐阅读的鲁迅小说集《呐喊》，让他大开眼界；同时，他也接触到了徐志摩、郭沫若等人的诗集。1927 年夏，他在上海浦东中学，尝试写作短篇小说《夜正深》。但是最终，他选择了诗。或者说，诗选择了他。

后来，他离开了江南到了北方，进入了北京大学英文系。在他离开的时候，那个叫做张充和的女子进入了北大。这样的擦身而过，竟真的成了永远的遗憾。谁都知道，他对她爱得痴迷，但是故事里却没有缠绵缱绻，只有他独自的黯然神伤。

1930 年秋，徐志摩得胡适的帮助离沪赴北大任教，卞之琳曾上过他的课。对于仰慕已久的诗人，卞之琳虚心求教，徐志摩也很看重他的才气，遂将他看做诗歌世界的同路之人，对于写诗这件事，对他多有指点。徐志摩罹难，消息传到北大时，卞之琳正在吟诵他的《云游》：那天你翩翩的在空际云游，自在，轻盈，你本不想停留……

他对身边的人说，徐先生云游去了。虽然满心悲伤，却也为那轻灵的诗人远离尘嚣而感到欣慰。恐怕，只有诗人能走入诗人的世界，也只有诗人能明白诗人的悲喜。斯人已去，离了红尘，固然让人悲伤。但是，身为诗人，卞之琳的理解却是，那只是欣然而去的云游。这就是他对人生的理解，绝对的诗人逻辑。

通过徐志摩，卞之琳很快就与京派那些气质峭拔风雅的文人们熟识了，不过，卞之琳印象最深的，是沈从文的慷慨。初入文学圈，沈从文给了他不遗余力的提携。这是沈从文的风格，当年他初闯文坛，也是异常艰难，后来幸得郁达夫、徐志摩等人扶持，才渐获声誉，终成文学大家。由于这段经历，沈从文对文坛后学，总愿意给予支助，毫不吝惜精力或金钱。他的弟子汪曾祺说曾见到他为学生的作文写的批语，有时超过原文；帮助文学爱好者把稿子往外寄，邮费不菲他却从不在意。

卞之琳想将自己的诗出个集子，就写信给沈从文，沈从文认真审读后，将其命名为《群鸦集》，还写了颇有见地的附记。在《诗刊》上读到了这篇附记，卞之琳十分欣喜。然而，因为时事突变，这部《群鸦集》终于胎死腹中。

尽管如此，徐志摩和沈从文的欣赏，还是大大鼓舞了卞之琳。1933 年春，卞之琳先前翻译法国诗人波德莱尔《恶之花》中的十首，被《新月》杂志收下，稿酬是几块银元。拿着它，卞之琳去了青岛，去看望在那里任教的沈从文。

在青岛，他就住在沈从文宿舍。谈诗论文之际，两人都感叹《群鸦集》的不济命运。然后，卞之琳说新写了十多首与先前作品风格迥异的诗，想以《三秋草》之名出版。当时，沈从文正在筹备自己的婚礼，手头并不宽裕，却毫不犹豫地慷慨相助。开抽屉时，卞之琳看到里面有几张当票，知道沈从文的日子也很不易，坚持不接钱，却终于盛情难却。虽然略有周折，《三秋草》最终还是出版了。

据资料记载，卞之琳后来还受到沈从文的照拂。1936 年，卞之琳的工作并不顺当。沈从文知道了，便给胡适写信，希望能通过文化基金会，给卞之琳找个翻译工作。后来卞之琳确实获得了为胡适主持的文化基金会翻译文稿的工作，他本人说是自己的老师余上沅推荐的。也许是，可见沈从文给胡适写信为他寻找这份工作的事，并没有告诉卞之琳。君子之风，尽在其中。

不管怎样，沈从文这个朋友，卞之琳是认定了。他成了沈从文府上的常客，那段如烟似雾的故事就悄然开始了。原本，他只是江南烟雨中独行的才子，但是他去了北方，结识了沈从文，也就无法避开张充和。相遇也算不早不晚，然而，或许是缘分不够，所有的痴情，最后只换得这样的念想：你站在桥上看风景，看风景人在楼上看你；明月装饰了你的窗子，你装饰了别人的梦。

许多个日子，他总是在那里，看远处她的身影，却也只是看着，咫尺天涯。世间痴情之人不少，但用情如他这样深沉的并不多。可惜，这段情缘终于没有落地开花。甚至，在那女子看来，他们之间根本不曾有过故事。魂牵梦绕之际，世事早已荒芜。终于明白，再长的等待，也会沉入岁月。爱恨离合，不过是人生断章。

路过的天涯

他是诗人，笔下千般惆怅连着世间万种风情。那时候，他也是无数女子的梦里之人。然而，在他的心中，却只藏着一面风景。年年岁岁，暮暮朝朝，他念念不忘的，只有那个名字。年轻的他，在楼上看风景，却无端地误入了别人的情网。于是从此，他开始了漫长的孤独思念。

他是卞之琳，她是张充和。1933年，沈从文与张兆和举行了婚礼。不久之后，张兆和来到北平，考上了北大的中文系，是年，北大中文系只招录了三位女生。那天，卞之琳如寻常般，来到北平西城达子营沈从文家里做客，与张充和不期而遇。

腹有诗书，灵婉清致，这就是张充和。毕竟，卞之琳也是笔底生风的诗人，寻常女子或者寻常风景不会令他那样沉迷。而事实上，他为她沉迷了几十年，虽备受冷落却无怨无悔。不妨走进去，看看张充和生活的圈子。

她参加北大入学考试，国文满分，数学零分，被北大破格录取。她的老师里面，教哲学的人叫作冯友兰，教思想史的人叫作钱穆，教古代文学的人叫作闻一多。当然她之所以有这样深厚的国文功底，得益于她养祖母的栽培，她养祖母的父亲叫做李蕴章，李蕴章的哥哥叫做李鸿章，李鸿章有个曾外孙女叫作张爱玲。

那年她从江南来到北平参加三姐的婚礼，她三姐在中国公学读书时被一个老师疯狂追求，三姐拿着老师写的情书去找校长理论，校长却希望能成人之美，有意撮合这段良缘，这个校长是胡适。后来，三姐张兆和在北平结婚，这个苦情老师变成了她的姐夫，他就是沈从文。

昆曲爱好者的她有认识了很多票友，其中一人成为了她的书法老师，他是沈尹默。还有一位是段祺瑞政府中时任教育总长的章士钊。若干年后，她通过沈从文认识了犹太人傅汉思，并嫁给他远走重洋，再后来，和夫君一同受聘于大学，在耶鲁、哈佛大学教书，丈夫教授中国诗词，她教授中国书法和昆曲。

她是张充和，民国最后的才女。她的名字不常被说起，人生也平淡如水，但是许多人都记得，曾经有个诗人，在风云变幻的乱世，苦等了她多年。她是真正的名门闺秀，以温婉与明媚，以多才与清雅，挽起了民国最后的画意诗情。

她的书画，清淡中透着高雅；她的诗词，轻灵中别有韵致。当然，她还喜欢昆曲，也曾在舞台上衣袂如风，唱千秋万世的悲欢离合。2004 年 10 月与苏州曲社的曲友们欢聚时，90 岁的她面容清秀，举止优雅，身着一袭绛红色的丝绒旗袍，肩披一方黑色的披肩，仪态万方地依在雕花栏杆旁，亮嗓之际，已是掌声雷动。于是人们惊叹：这是活脱脱的最后的大家闺秀。

记取武陵溪畔路，春风何限根芽，人间装点自由他。
愿为波底蝶，随意到天涯。描就春痕无著处，最怜泡影身家。
试将飞盖约残花，轻绡都是泪，和雾落平沙。

尽管身在混乱不堪的年月，她却醉心于这样的古典韵味。章士钊爱才，赠诗给张充和，把她誉为才女蔡文姬；而戏剧家焦菊隐称她为当代的李清照。没想到，最后她真的如蔡文姬那样，远嫁他乡了。而卞之琳，也不是赵明诚。花前月下，诗酒人生，与他们无关。

不过，至少卞之琳爱得痴迷。那日，在沈从文家里，在被介绍给对方之后，张充和大大方方地拉起卞之琳的手，笑靥如花地说着多多关照之类的话，没想到，此情此景竟让意气风发的诗人羞了个大红脸。他到底是个内敛的人，不似许多才子那样倜傥风流。

当时，卞之琳的诗正跳出男欢女爱的小家子气，他颇自负地表示，绝不自画樊篱地局限于脂粉气息的私生活描写中。可是，这场默然相遇，却让他笔下的文字重现旖旎。情之所至，谁都没有办法。他是真的动心了，刹那之间，情已深不见底。

然而，在很长的时间里，性格极度内向的卞之琳，不好直接地表明真正心迹，只是在诗中顾左右而言他。只是在1978年出版的《雕虫纪历·自序》中，他隐隐约约吐露了这段感情："在一般的儿女交往中有一个异乎寻常的初次结识，显然彼此有相通的'一点'。由于我的矜持，由于对方的洒脱，看来一纵即逝的这一点，我以为值得珍惜而只能任其消失的一颗朝露罢了。"

他爱得深沉，就连张充和胸前的配饰都想要去仔细地研究透彻。可是这学贯中西、著述等身的诗人，终究是少了些勇敢。正如张充和所说，他是个极为内向孤僻、不善于也不敢表达自己感情的人。他能做的，只有将满腹的真情，诉诸于文字和诗篇。

而他的好友沈从文，在爱情里面却有着百折不回的勇敢。当年沈从文天天给自己的学生张兆和写情信，张兆和不胜其扰，把情信交给北大校长胡适处理。后来沈从文转到别的大学任教，仍然不断给张兆和写情信，甚至去千里之外的苏州张兆和的家中探望她。正是由于他这种火热的追求，终于打动美人芳心。卞之琳缺乏的恰恰是这份胆识，不免遗恨绵绵。

对卞之琳的倾情，张充和应是清楚的。只不过，他有情她无意，终究是流水落花的结局。对于这段故事，张充和在给别人的答复中说，卞之琳后来出的书，如《十年诗草》《装饰集》等，让她题写书名，她给他写了；卞之琳的诗，让她给他抄写，她也写了。但她和他之间，实在没有过浪漫。她说，卞之琳诗里面的那些浪漫爱情，完全是诗人自己的想象，那是无中生有的爱情。

不是无情，亦非无心。只是，情爱之事，必须随心而走，来不得半点勉强。卞之琳与张充和，两个诗意翩跹的人，终究还是渐行渐远了。才子佳人的故事，没有在他们之间发生。多年之后，山是山，水是水，往事已成云烟。爱与不爱，都已无从说起。或许，她只是他路过的天涯。

刹那尘缘

所有的尘缘，不过是刹那。纵是神仙眷侣，也终究敌不过岁月。尽管如此，人们还是执迷地寻觅着天长地久。我想，如果两个人倾心地相爱，就算最后不能圆满，有过花前月下的缠绵，也当心怀感恩。可是卞之琳，虽然爱得深沉，痴情也让人感动，那女子却始终不肯为他停留。多年以后，突然发现，那段往事清淡如烟，虽无悱恻缱绻情节，却也颇有味道。

虽然都是才华满腹，但就性情而言，卞之琳和张充和却是相去甚远。他是沉静内敛的，她是活泼轻灵的，这样的性格差异，使得他们之间似乎总有滞碍。于是，即使他爱得肝肠寸断，她却仍是若即若离。

卞之琳记得，当年的张充和有种促狭的淘气。她去照相馆拍了一张歪斜着脑袋、睁一只眼闭一只眼的照片，后来拿着这张照片去学校的游泳馆办理游泳证，因为照片上一只眼睛是闭着的，场馆的工作人员拒绝给她办理。她立即反问对方：“假如来了个独眼龙，难道你就剥夺了人家游泳的权利？”工作人员被问得哑口无言。

可以说，张充和是个动静相宜的女子，同时她又是美丽与才华兼具，这大概就是卞之琳倾心于她的原因。当然，爱情这件事，也不需要太多原因。默然相逢，心湖乍起涟漪，爱情也就悄然发生了。遗憾的是，卞之琳的痴心，最终付诸流水了。爱得越深，也就伤得越深。

看她古雅清淡的文字，看她窈窕曼妙的身姿，看她日光下的清朗快意，他有很多话想对她说，却总是不敢贸然说出口，就好像说了就会突然间天涯相隔似的。他只有通过写诗，来默默地表述情感。年轻的卞之琳，若是多些果决和洒脱，或许他们的故事会有不同的结局。然而，岁月早已远去，再说如果已没有意义。

不过，卞之琳去沈从文家却是越来越频繁。张充和的二姐张允和喜欢促成年轻男女之间的爱恋情事，她借机试探张充和，张充和说，她倾心于古典，觉得卞之琳的新诗意味不够，心灵上难以共鸣。而且，张充和觉得卞之琳阅历不够缺乏深度，这让她觉得这个人喜欢卖弄。喜欢某个人，总有千百个喜欢的理由，反之，不喜欢也是如此。卞之琳的才华是毋庸置疑的，但他不是张充和愿意为之驻足的风景。可以说，他们之间，还没开始就已结束了。

1935 年，张充和因病退学，回到了苏州。1936 年 10 月，卞之

▲ 卞之琳（由视觉中国提供）

琳母亲病逝，他因此回到浙江老家。母亲入土为安以后，始终牵挂着张充和的卞之琳，专程去了苏州，探望颐养中的张充和。他在苏州九如巷的张府盘桓数日。那些日子，张充和陪着卞之琳游览姑苏名胜，两人离得很近，却又隔得很远。那样的距离，诗人终究是不敢跨过去。故事也就在这样咫尺天涯之间，渐渐演变成了镜花水月。

对于这段往事，卞之琳回忆说："不料事隔三年多，我们彼此有缘重逢，就发现这竟是彼此无心或有意共同栽培的一粒种子，突然萌发，甚至含苞了。我开始做起了好梦，开始私下深切感受这方面的悲欢。隐隐中我又在希望中预感到无望，预感到这还是不会开花结果。"江南氤氲的画面里，他们曾经烟雨相共。然而，走着走着，走出了江南，又回到了各自的路上。

1937 年 8 月，朱光潜聘请卞之琳为四川大学文学院的外文系讲师，张充和也逃难到了成都。那段时间，卞之琳经常写信给她，以解她身处异地的寂寥。只是，张充和虽感念于心，对这个殷勤诗人的态度，却依旧是淡漠。后来，川大的数位教授觉得他们郎才女貌，想要尽力撮合，就撺掇卞之琳定期宴请大家，并且在酒宴上将卞、张二人作为打趣的对象。

卞之琳虽然内敛，性情却很随和。对于同事们的打趣，他并没有在意。可是，张充和却无法忍受。她的骨子里是孤高和清傲的，对教授们的做法，她认为鄙陋无可观听。她劝卞之琳不要再赴这样无味的宴席，可卞之琳因为抹不开面子并未听劝。于是，生气之余，张充和便独自到青城山散心去了。卞之琳写诗赔罪，她只是冷淡地说了句：写得真好。

张充和去了昆明，住在小镇呈贡。小镇很安静，她非常喜欢。在归结心事的同时，她也喜欢和同住于小镇的文人墨客们品茗写诗。偶尔，吹吹笛子，偶尔，写字作画，日子清淡而诗意。那段时间，卞之琳去了延安。但他还是放不下张充和，终于在 1940 年悄然来到西南联大做了教授。然而，此时的张充和却已到了重庆。

事实上，在那段颇有隐逸味道的日子里，张充和已经为这段本就虚无的爱情画上了句号。所以，1943 年，卞之琳到重庆探访她的时候，她委婉地拒绝了他的感情。她希望，他们之间清淡如水，意思是，不要将好友的关系涂抹得不清不白。卞之琳无言以对，只好黯然离开。只是，情就在那里，不是说放就能放下的。

1947 年，卞之琳预备到牛津大学访学。他再次来到了南方，在苏州的张充和家小住数日。故事却没有任何起伏，谈笑之间，尘缘已成了云烟。他那飘零的心，想必她是知道的。但她抚心自问，他的确不在心里。虽然抱愧，却也只能如此。然后，他们怃然作别。朦胧的江南烟雨，隔开了两个身影。从此，你是你，我是我，各自天涯。

带着悲伤，卞之琳去了英国。之后不久，张充和去了北平。就在沈从文家里，她遇到了命中注定的那个人，在北京大学西语系任教的德裔美籍学者傅汉思。次年冬天，他们结婚了，双双去了美国。张充和，民国最后的才女，终于尘埃落定了。听到消息，卞之琳悲伤无言，却也只能借着月光，在渐渐迷离的回忆里找些残缺的画面来温暖自己。

然而，那个早已住在心里的女子，却始终没有离去。1953 年，卞之琳往返于江浙之间，经年参加农业合作化的试点工作。秋天的晚上，他来到苏州，夜空下的江南，寂静而清明，带着如水的轻愁。没想到，入宿之处，竟然是张充和从前住过的闺房。睹物思人，很是凄凉。深夜，他偶然打开抽屉，瞥见了一些无人过问的词稿，原来是沈尹默给张充和圈改的几首词稿，于是便取走保存。

多年以后，卞之琳访问美国时，与时任耶鲁大学艺术系讲师的张充和久别重逢，将词稿奉归物主，正好张手头只有沈尹默的信而没有词稿。然而，这段被卞之琳称为合璧的往事，早已与爱情无关。

1986 年，北京有一场隆重的汤显祖纪念活动。已是研究昆曲艺术名家的张充和回到北京，兴致勃勃地参加了《游园惊梦》的登台演出。她邀请卞之琳前往捧场，卞之琳欣然去了演出现场，他安安静静地坐于观众席上，看得颇为仔细。然而，舞台上的张充和，早已不是记忆中鬓影衣光、步履轻盈的模样。

演出中，张充和给台下的卞之琳捎口信，散场后不必着急走。可临近曲终人散的时分，卞之琳还是悄悄提前走了。此后很多年，张充和在美国与中国间，来了又去，去了又来。对于张充和的行程，卞之琳大抵是了然于胸的。不过，他们再未见过面。

曾经沧海

许多爱情，曾经让人醉意朦胧，到最后却是落木萧萧。这世上，有多少为爱痴狂，就有多少黯然消魂；有多少相逢的欢喜，就有多少离别的悲伤。多年后，岁月成丘，尘缘如梦，再深的情，也只能搁在心里，任尘埃堆成塔。多情对无意，就是这样的结局。

清代魏子安《花月痕》里有这样的诗："多情自古空余恨，好梦由来最易醒。岂是拈花难解脱，可怜飞絮太飘零。香巢乍结鸳鸯社，新句犹书翡翠屏。不为别离已肠断，泪痕也满旧衫青。"读着，想起无数多情之人和他们雨霖铃般的故事，终于相信，无情不似多情苦。然而，天生痴情的人，却总要在伤痕无数的时候，才会蓦然领悟：相见不如怀念。

长情的卞之琳，为张充和守候了许多年。如果可以，他愿为她写诗，从少年到白头。后来，他也曾勇敢地编辑诗集《装饰集》题献给张充和，向全世界说出了他对她的痴情。可以说，在卞之琳的生命地图上，留下的许多深深浅浅雪泥鸿爪，都与张充和有关。

然而，在他痴心无悔的时候，她却飘出了他的世界，在重洋之外开始了自己的生活。多年的刻骨爱恋，如朝露般剔透，却只化为烟岚，让他悲伤无语。他对朋友说，少年失恋，容易补全，中年失恋才真悲伤。于是，他从此不谈感情，甚至决定终身不娶。

可以肯定的是，不管过了多久，那个叫张充和的女子，永远是他的风景。只是多年以后，他只愿远远看着，看她幸福，他也心安。这份爱，从未褪色。褪色的，是迷离的往事。

直到遇见青林，卞之琳那颗深情的心，才算有了个停泊的地方。半生寥落，满心凄清，或许并未完全消融，但是至少，在他们相遇之后，这感伤的诗人，终于不用再孤零零地穿越世事风雨了。无家的归宿，并非诗人命定的结局。

青林是个典型的成都女子，娇小玲珑，清秀雅致。她也是为情所伤的人，只不过，卞之琳是多年的痴情换得独自彷徨，她则是走入围城却又不得不遁出。青林，是她的笔名，她原名叫青述麟。当年，她从同济大学化学系毕业后，因酷爱文学，在文学圈里小有名气，但现实中的爱情婚姻与文学作品中相距甚远，两任丈夫都背叛了她。26 岁的她，黯然神伤之余，对于爱情，已有了幻灭之感。但是遇见卞之琳之后，那颗几乎枯萎的心又鲜活了起来。

作为《工人日报》副刊编辑，青林经常要向人约稿。这次，她约的是鼎鼎大名的诗人兼教授卞之琳。她早就读过他的诗，也曾感动得泪眼迷离。可以说，她是崇拜他的。所以，这次见面，她有些激动，还特意修饰了一番。许多年后，她依然记得那天，卞之琳身着银灰色中山装，带着镀金边的眼镜，温文尔雅，脸色却苍白憔悴，神情里有着诗人的凝重和忧郁。她并不知道，此时年近不惑的他，正经历着失去爱情的荒凉。

看到她的瞬间，卞之琳有些惊讶。面前这个女子，面容清秀典雅，身段婀娜多姿，一袭天青色的旗袍外披一条玉白小坎肩，乍看之下，与张充和颇有几分神似。然而，眼中的惊讶和心头的颤动，都很快就不见了。他知道，张充和已经去远。他的心沉了下去，悲伤漫上来，淹没了他。面前坐着初次见面的青林，他知道即使出于礼貌，也要说点什么，但悲伤使他几乎说不出话来。

她住在他心里，是永远的朱砂痣。恐怕，在很长的时间里，月圆或者月缺，花开或者花谢，他都会莫名地想起她，想起那些咫尺天涯的画面。想起的时候，他在虚无的温暖里走向真实的凄凉。爱到深处，无法自拔，结局虽已明了，仍放不下怀念。难怪，有人这样说：青梅枯萎，竹马老去，从此我爱上的人都像你。

那天见面的情景，卞之琳的默然感伤，青林看在眼里，却并不觉得奇怪。她很清楚，诗人就是这样的，突然的沉默，不过是心事的浮沉。此后，青林定期到卞之琳家里取稿。慢慢的，他们熟识了，彼此不再疏远，甚至开始谈笑风生了。

从诗词歌赋到人生百态，他们谈得无拘无束，那是诗人喜欢的画面。温柔体贴的成都女子，让卞之琳心中的阴霾渐渐散去了。每次去，青林都主动帮他拾掇房间，他跟她谈十四行诗和英国文学。单独相处的时间越来越长，两颗心靠得越来越近，心中情伤的坚冰也开始融化了。

后来，青林知道了卞之琳与张充和之间的故事，她喜欢他的为爱痴狂，读懂了他刻骨铭心的爱。同时，卞之琳也体会到了她的痛苦，怜惜她的遇人不淑。张爱玲说，因为懂得，所以慈悲。卞之琳和青林，懂得彼此的悲喜，不知不觉间，爱情已然开始。只是，他们都小心翼翼，各自把自己包裹得很紧。爱如情花，无比美丽，却是伤人无数。于是，两个伤痕累累的人，尽管已登上同一条小舟，却不知彼岸在何处。就这样，七年过去了。

又到了青林上门取稿的时间，她却没有来，第二周仍然没有来。青林生病住院了。得知消息之后，卞之琳匆匆赶到医院，看到青林憔悴的面容，他突然间泪眼模糊。原来，她早已在他心里。而她的心扉，早已被他敲开。

独爱你曾经沧海桑田。这是卞之琳在接青林出院时，在给她的手稿里所留字条上的话。到此，这份心照不宣的爱，终于水到渠成。1955 年国庆节，卞之琳与青林结婚了。满头华发的他，结束了半生漂泊。文学研究所的同事们纷纷前往祝贺，杨绛还带去相机为新婚的他们拍照留念。照片里的卞之琳满脸都是幸福。不管曾经对张充和的爱恋多么炽热，此刻，青林是他钟情的风景。

就像《神探夏洛克》里所说的，你的过去我不愿过问，那是你的事情；你的未来我希望参与，这是我的荣幸。聚散离合，沧海桑田，都不再过问，此后的人生，风雨相伴，患难相随，这是他们的决定。

婚后，他们住进了北京干面胡同东罗圈 11 号社科院单位公房，房子面积不大，但他们布置得很温馨。诗人开始了柴米油盐的生活，竟也不觉得无味，这是经历沧桑后的恬淡。不久，卞之琳出版了《哈姆雷特》译本，高水准翻译赢得了业界的盛誉，短短两年就重印了两次。然后，他们的女儿青乔出生了。无声的岁月里，日子过得平淡如水。

1995 年夏，青林因病去世。卞之琳无比悲伤，他无法接受青林离他而去的事实，整天捧着个茶杯，自言自语。在很长的时间里，他都闭门谢客。5 年后，他随她而去，结束了漫长的人生，故事也悄然落幕。但他的痴情，仍感动着许多人。如今，偶尔翻开民国历史，仍能看到他身影，在断桥之上，在明月之下，独自看风景，落寞而深情。

山水云烟，浮沉悲喜，大概都算是风景。甚至，每个看风景的人，也会在不知不觉间，成为别人的风景。风景内外，故事盘根错节；故事首尾，风景变幻莫测。这个世界就是这样，空蒙黯淡里头，有着无尽的花开花落。

沈从文：牧歌田园已荒芜

独背残阳上小楼，谁家玉笛韵偏幽。
一行白雁遥天暮，几点黄花满地秋。
惊节序，叹沉浮，秾华如梦水东流。
人间所事堪惆怅，莫向横塘问旧游。

从湘西走来

忐忑了许久，才终于下笔。他是个简单而唯美的人，而世界却始终充满混乱与喧嚣。于是，尽管他是天才的作家，笔下有万千丘壑也有无限风华，却也没能逃得过世事如霜。前半生的华彩，后半生的寥落，让人有些不知所措。

大概所有性情简单的人，都会在苍茫尘世走得形单影只。人们看到了他的天赋，也艳羡于那场美丽的爱情，但是仔细看去，在后来很长的时间里，他是沉默而孤寂的。到底，他的诗意情趣与整个世界的迷离惝恍，总显得格格不入。

他是沈从文。印象中，他仍在他的边城，看山看水，听风听雨，总愿意远离尘嚣。印象中，他的边城是这样：寂静的村落，明净的山水，悠然的船只，安闲的人们在故事里走来走去，总也走不出古老的画意诗情。沈从文，就在那里，与山水为邻。

假如他从未离开，置身山水之间，以清简之笔意，写尽清风明月，那他恐怕也就不是我们认识的沈从文。年轻的时候，他凭着几分狂傲，只带了几本书便置身去了北京城，说要征服那座城市。结果是，他做到了，却也因此走入了喧嚣，再想退守牧歌田园独醉山水就是很难的事了。人生，终究是没有回头路可走的。

不管怎样，他定会时常怀念那些清朗岁月。那时候，他是个自在的少年，因为受不了私塾的呆板与严厉，他总是想办法逃学，成了顽固的逃学少年。却也因此，他阅读到了用湘西自然风情写成的人文大书。

念到高小毕业时，沈从文当了兵。此后的三年，目睹了生命的不断凋零，他甚至觉得人生没有意义可言。后来，部队被打散，他也被遣回家乡。眼看自己日益成年，生计却无着落，沈从文不得不前往芷江投奔舅父黄巨川，在舅父掌管的警察所里做办事员，又在七姨夫熊捷三的引导下走近了文学。

熊捷三的胞兄正是民国首任总理熊希龄。因这些虽曲折但确凿的亲戚关系，沈从文得以进入熊希龄的家里，阅读由林纾翻译的西方文艺著作。后来，他又到湘西巡防军首领陈渠珍手下做文书，认识了一位从长沙来的见过世面的印刷工人，后者向他介绍了《新潮》

《创造周报》等新文化期刊。

突然之间，沈从文仿佛看到了远方的灯火。受了新文化的熏陶，他蓦然间明白了人生的方向。世间有许多条路可以走，但是人们走的，却往往不是最合适的那条。面对变化莫测的世事，人们总会匆忙上路。上路之后，山重水复也好，云烟散漫也好，都不得不面对。在浮沉不定的际遇里，有人走得从容，有人走得萧索。

无论结局如何，沈从文上路了。为了寻找读书的机会，他只身从湘西去了北京。就像是赌博，他来到了那座古老的城市，遇见了无限的京华烟云，却也遇见了无奈的冷月荒年。事实上，无论何时，怀揣梦想去到北京，在体验过辛酸苦辣以后，人们所能感受到的总是遥远与荒凉。繁华逐眼，却总是别人的。放逐自己在城市，总是这样的况味。

最初，沈从文住在西河沿的小客栈，不久搬至当时位于前门外杨梅斜街的酉西会馆。酉西会馆相当于当时湘西的驻京办事处，湘西上京赶考的学生大多可以在此处落脚。后来，在表弟黄村生的介绍下，他搬离了酉西会馆，迁居至沙滩银闸胡同的公寓。

这是个窄小而潮湿的公寓，原本是个堆煤的地方，窗户也是四根细木条随便钉上的，沈从文戏称它是“窄而霉小斋”。若干年前，我曾在北京的地下室住过。夏天的时候，还没进门，就能闻到那股霉臭的味道，昏黑的走廊点着几盏昏黄的白炽灯，地板砖上泛着水汽，走进去颇有远离了人间的错觉。沈从文当时的住所，恐怕也差不多如此。当然，他的热情从未冷却。他决意要走文学之路，生活上的困苦，并未熄灭他心中的灯火。

落脚之后，沈从文就开始为读书奔忙了。他报考了燕京大学国文班。可他只有高小文凭，标点符号都不懂，面试时更是得了个零分，连报名费也被燕京大学退了回来。无奈之下，沈从文开始了最初的自学生活。他每天早起，吃馒头咸菜，之后步行进宣武门，便扎进京师图书馆里苦读。同时，他还坚持去北大旁听。日子却是每况愈下，他向报社投稿，却因为没有名气，也没有名家提携，总是石沉大海。

1924 年冬，沈从文几乎到了山穷水尽的地步，无奈之下，他只得写信给当时几位有名的作家求救，当时任教于北京大学的郁达夫接到信函，便前往沈从文的住所探望。那天，郁达夫请他吃了顿饭，吃完饭付账以后，郁达夫将找零的钱全部给了沈从文，还把自戴的羊毛围巾送给了他。

这荒年的温暖，让沈从文感激万分。事隔半个世纪，郁达夫的侄女郁风拜见沈从文时，沈从文依旧对那天的事念念不忘。这世上，不缺锦上添花，缺的是雪中送炭；不缺顺水推舟，缺的是风雨同路。

郁达夫欣赏沈从文。那日回去后，他专门写了文章发表在《晨报副刊》，替沈从文鸣不平，并把他介绍给了《晨报副刊》主编。从此，沈从文经常在《晨报副刊》发表散文诗歌，漂泊的日子总算有了些起色。北大教授林宰平无意中读到了他的文章，不仅撰文称赞他是天才，还主动约见给予了鼓励和帮助。

1925 年秋天，林宰平趁势又把沈从文介绍给新月派，使他结识了徐志摩等人。后来，徐志摩接编《晨报副刊》，公开把沈从文列为约稿作者，还撰文称赞沈从文的文学才华。从 1926 年起，沈从文的散文、小说及戏剧作品又被商务印书馆、北新书店、光华书局出版，

他因此在两三年之内成为京沪两地文坛的新星。

1927 年，京城学人纷纷南下，沈从文亦于年底迁至上海，并很快在叶圣陶主编的《小说月报》上发表了小说。到上海后，沈从文和胡也频、丁玲办起了两家月刊社，出版《红黑》和《人间》月刊，同时还经营书店，不过经营得并不成功。后来，胡适出任中国公学校长，经徐志摩的推荐，沈从文成了大学讲师。

再回到北京时，已是 30 年代。那时的沈从文，已是名满天下。古老的北京城，到底还是为他打开了门扉。毫无疑问，他是中国文坛的黑马。这个只有小学文凭的湘西青年，曾经寂寂无名，却凭着热情与执着，硬生生地闯进了北京文坛。

当然，即使身处闹市，他仍旧念着他的湘西。那里，山水相依，岁月无恙。兴许，城市里所有的热闹与浮华，都敌不过月光水岸的几条渔舟。终于，他开始用小说构筑他心中的湘西世界了，他写了《长河》，写了《边城》，写了《湘行散记》。故事里的人们，是他记忆中的模样，恬然地面对着离合聚散。

沈从文的文章，可以说近乎天成，没有任何来自前人的影响。方言野语的大量入文，只是自然，并不粗鄙。沈从文始终认为，他只是个野汉村夫，然而，当他沉静地坐在月下，回味湘西往事，将尘埃与岁月拿捏在手中，他又是无比优雅。只不过，他的身边，喧嚷与苦楚，始终在盘桓。

为爱低到尘埃

说起沈从文，总是避不开张兆和。许多年前，他曾经谦卑地追随在她的身边，顽固地爱着她，而她的答复却是，顽固地不爱他。最终，他的诚意打动了她的心，于是有了那场令无数人羡慕不已的爱情。只是，仔细想想，才子佳人的故事里，总有些若隐若现的悲凉。

尽管如此，爱情开始的时候，仍是美丽如诗的。民国的岁月里，浮沉聚散中有着许多唯美的爱情故事，多情的人们以真诚与不离不弃，换得两心相许，无论结局如何，这样的故事都值得回味。多年以后，沈从文与张兆和的故事仍被许多人说起，当然，人们也没有忘记，沈从文曾说过，行过许多地方的桥，看过许多地方的云，喝过许多种类的酒，却只爱过一个正当最好年龄的人。那个人，便是张兆和。

是这样诗意的文字，最终俘获了她的芳心。而最初，他并非是她的风景。甚至，她认为他对她的追求只是痴心妄想，她把这文字的主人编为“青蛙 13 号”，其他为其写情书的男人是青蛙 1 号，青蛙 2 号，诸如此类。

“九如巷张家的四个女孩，谁娶了她们都会幸福一辈子。”叶圣陶曾这样说过。安徽九如巷张家是名门，祖上是位淮军主将张树声，张家四姐妹都是兰心蕙质，颇为时人称道。因为出身名门，又是才华横溢，寻常人都很难入四姐妹的眼。事实上，即使是卞之琳这样的诗人，苦恋张充和几十年，结局仍是独自的悲伤。与之相比，沈从文算是幸运的。当然，幸与不幸，只有当事人心里清楚。

那时候，沈从文在上海中国公学当讲师，遇见了正值青春年少的张兆和，刹那倾心，从此便开始了漫长的追逐与放逐。或许，如果她始终冷漠，他愿意为她写诗，到地老天荒。他的心中，满是湘西的青山秀水浸润出来的诗情画意，他愿意以此氤氲她的风华与岁月。这样的情感，想起来都令人感动。可是，在很长的时间里，她却不为所动。

鼻梁高挺，秀发齐耳，轮廓分明，清丽脱俗。这就是张兆和，拿现在的话说，她是当时中国公学的校花。这样的女孩，无论何时，总会被许多人追逐。高傲的张兆和对大多数的追求者都采取了冷漠态度，其中也包括沈从文。尽管此时的沈从文已在文坛有了些名气，但他却显然不是她梦中的王子形象。

据说，沈从文初次登台，台下的学生中就有张兆和和姐姐张允和。他非常紧张，说不出话来，转身在黑板上写道：请给我五分钟！五分钟以后开口讲课，操着浓重的湘西口音，声音颤抖，与民国时期潇洒倜傥的文人形象相去甚远，也难怪张兆和看不上他。

不过，爱情这东西，未必总要以彼此钟情开始的。莫名地动心，沈从文就再也停不下那份念想。尽管没有回音，他还是不断地给张兆和写信，以翩然柔情的文字，寄爱慕相思之意。却不料，他情书不断，却让张兆和生出了厌弃之心。将心向明月，明月照沟渠，很多时候，走不出这样的情节，就只能落得满心凄凉。沈从文却从未放弃。

那时候，因为痴情，他是这副模样：想到那个女子，就会觉得血液都流动得快了许多，全身发热或者作寒；听到别人说起那女子的名字，就会十分害怕又十分快乐。自然地，他也将这样的心事以书信的方式告诉了她。然而，所有的告白都似乎没有在张兆和心中激起半点涟漪。为此，沈从文大病过，而她仍是漠然。

因为百般追求未果，沈从文变得极度自卑。于是他在给她的情书中这样写道：“爱情使男人变成了傻子的同时，也变成了奴隶，不过，有幸碰到让你甘心做奴隶的女人，你也就不枉来这人世间走一遭。做奴隶算什么，就算是做牛做马，被五马分尸，大卸八块，你也是应该豁出去的！”他是愿意俯身下去，为爱化身尘埃的。然而，这样近乎哀求的追逐，显然并不能赢得张小姐的芳心。爱情，是必然需要两情相悦的。或许，沈从文需要做的，不是苦苦哀求，让自己落入尘埃，而是飘然地走过那女子身畔，以优雅从容的姿态。

三千年前，君子淑女的故事，就曾是这样：求之不得，寤寐思服；悠哉悠哉，辗转反侧。三千年后，故事仍如从前，痴情的人愿意为爱上天入地，却未必能敲开那门扉。不得已，沈从文找到胡适，诉说自己爱得艰难。胡适是个热心肠的人，答应为他牵线搭桥。然而，不管胡适如何夸赞沈从文的才华和人品，倔强的张小姐就是不为所动。

张兆和在日记中写道：“胡先生只知道爱是可贵的，以为只要是诚意的就应当接受，他把事情看得太简单了，被爱者如果也爱他，是甘愿的接受，那当然没话说。他没有知道，如果被爱者不爱这献上爱的人，而只因他爱的诚挚就勉强接受了他，这人为地，非有两心互应的永恒结合，不但不是幸福的设计，终会酿成更大的麻烦与苦恼。”话说得不留余地，沈从文却仍不死心。

他去青岛大学教书，还是不停地给张兆和写情书。他说，他愿

▲ 沈从文（由中国第二历史档案馆提供）

意做那样的男子，爱她却不去麻烦她；他说，他愿意认真地生活，极力免除她的不安。总之，为了那个让他倾心的女子，他愿意努力切实地做人和生活。此时的张兆和，虽然不能说动心，但是对这个痴情男子，已在默然间有了些隐约的情愫。说不上爱情，但她的心到底还是颤动了。

1932 年夏，沈从文不堪相思之苦，从青岛跑到苏州张兆和住处，带着几本书，是托巴金买的托尔斯泰、陀思妥耶夫斯基、屠格涅夫等人的精装本英译俄国小说，只因张兆和在中国公学是学外文的。为了买这些书，沈从文卖掉了一本书的版权。令他喜悦的是，张兆和留下了屠格涅夫的《父与子》和《猎人日记》。同时，张兆和的家人尤其是张父对沈从文很是欣赏。此后，张兆和对沈从文的态度也发生了根本性转变。大概，他的才华早已打动了她，只是因为倔强和矜持，不愿承认罢了。

终于，她接受了沈从文的爱，然后对他芳心暗许。可是，后来当她回首往事的时候，她又忍不住想，她之所以接受他，并非全为了爱。对这个痴情男子，她应该是爱过的，但最终，让她开启门扉的，却不是心动的感觉，而是同情与感动。所以，她才会这样说：是谁安排了这样不近情理的事，叫人人看了摇头！这场爱情，虽然看上去美好，终究是不公平的。

1933 年 9 月 9 日，北京中央公园，沈从文与张兆和宣布结婚，没有隆重的仪式，家里也很寒碜。只有梁思成和林徽因送的锦缎百子图罩单看上去还有些喜气。沈从文没有要张家的嫁妆，这是属于文人的骨气。张兆和不理解，他们之间，始终做不到心有灵犀。

不管怎么说，日子是开始了。富贵也好，清贫也好，生活的滋味总要在岁月的磨砺中慢慢体会的。佳人在侧，才华在心，多年的苦恋，终于换得花前月下，至少在最初的那些年，沈从文是幸福的。至于天长地久，或许说过，却从来都当不得真。无论是谁，日子都是在偶然里度过的。

悲喜自知

他敲开了她的心扉，但她更多的却是感动。至于爱情，她不敢说曾经全心投入过。说到底，他是个唯美而感性的人，或者说，他是个十足的诗人，晚风明月斜阳古巷是他流放自己的地方。而她，更喜欢现世的安稳。于是，后来他说，女子在诗人的诗中永远不会老去，但诗人自己却老去了，不无感伤。

张兆和接受了沈从文，与其说是爱上他，不如说是爱上了那些煽情的情书，和情书里翩跹美丽的字句。不管怎样，她做了他的妻子，就必须接受他给她的生活。沈从文是不缺浪漫的，他可以将风花雪月尽情把玩，然后为自己倾心的女子编织绮丽的梦幻。但是，生活毕竟不是梦幻，那是实实在在的柴米油盐和锅碗瓢盆。

沈从文是诗性的人，他想要的生活，如果说不是远离人间烟火，至少也应该是悠然写意的。很多时候，他像个孩子，不愿面对世间的悲喜浮沉。当然，他希望与他携手人间的那个女子也像个孩子，不会整天为了生活而愁眉苦脸。反过来，张兆和却希望他如别的成熟男子那样，支撑生活的重量，而不只是吟风赏月。他们对生活的理解，本就有着云泥之别。悲凉也就渐渐生出，在沈从文的心头越长越盛。

如许多纯粹的诗人，沈从文是可以凭借情怀而生活的，纵然散淡清贫，有诗意在心，便可以沉沉醉去。在张兆和看来，这是可笑和可悲的。她要的，不是纸上的柔情缱绻，而是真正的烟火幸福。可惜，诗性的沈从文能给她的安稳与幸福，少得可怜。

因为风骨，沈从文不要张家的嫁妆，这可苦了张家三小姐。婚后的很长时间，他们的日子很是艰难，不得不靠典当度日。尽管如此，慷慨的沈从文还喜欢资助别人，这让张兆和十分不满。她知道文人好面子，有些事不好明说，但她心里的失落却显而易见。

婚后 4 个月的时候，沈从文的母亲病了，他回湘西探亲，张兆和并未随他回去。别后的日子，虽然鱼雁往来，却是他写的信很多，她的回信很少。他希望她如他那样，爱上如画的湘西，她却不以为然。说到底，他们是心性不同的两个人。

抗战爆发后，沈从文辗转到了昆明，在西南联大教书，张兆和以孩子需要照顾，离开北京多有不便为由，并没有陪他前去。两地分隔的日子，沈从文苦苦哀求，张兆和总是找出理由回避与沈从文团聚。在张兆和面前，沈从文本就自卑，这样没由头的不相见，让他心生疑惑，甚至怀疑张兆和发生了婚外恋。后来，张兆和虽然到了昆明，却仍是住在别处，沈从文只能在周末去和她相聚。

彼此之间的距离，仍旧存在着。他的烟雨斜阳，她并不上心。甚至，就连他写的小说，她也并不是很欣赏。即使是在沈从文名声大作之时，张兆和还总忍不住去修改他文中的语法，以至于后来沈从文不敢再让她看自己的新作。可以说，她不懂他。月满西楼，渔舟唱晚，对她来说，都太过虚幻。

终于，乱世之中，那个懂她的女子出现了。那个叫做高青子的女子，走入了沈从文的世界。她是温婉可人的，懂得也欣赏沈从文，满足了他对于红颜知己的幻想。他对张兆和的爱是无可置疑的，但她给他的却是无尽的压力和自卑，于是，当那个愿意为他烹茶添香的女子飘然出现，他怦然心动了。

其实，沈从文这样的才子，是令无数女子动心的。在他的文字里，高青子无数次驻足迷醉，以至于不可救药地爱上了他。初次见面的时候，她穿了沈从文的小说《第四》里边女主人公的衣服，这让沈从文在恍惚间十分欣喜。

事实上，在沈从文的小说《灯》里面有这样的情节：女子为了心爱的男子而模仿他笔下女主人公的样子来打扮自己。必须说，高青子不仅聪慧，而且有着别致的心思，她以清雅手法扰乱了才子的心湖，于是顺理成章地成了沈从文的红颜。然后，花前月下，诗酒流连，这样的画面都出现了。沈从文在精神的世界里暂别了张兆和。

高青子写了小说《紫》，沈从文帮她修改，还鼎力相助她出版了《虹霓集》。后来，沈从文介绍高青子到西南联大图书馆工作，两个人距离近了，踏雪寻梅、围炉夜话的情节也就默然发生了。

不过，醉意朦胧的时候，沈从文心里其实是矛盾的。对张兆和，他早已交付了真心，并决定不离不弃。这边是执子之手的妻子，那边是如水如月的红颜，沈从文真的迷茫了。林徽因说，他的诗人气质造了他的反，使他对生活和其中的冲突迷茫不知所措。真是说到了点上。

最终，高青子还是离开了。如流星划过夜空，道了声珍重，她便淡出了沈从文的世界。不过，那些唯美的画面，却依旧在沈从文的脑海里盘旋着。他希望，身边的张兆和能让他重温旧梦，却终究是落空了。张小姐不爱红袖添香，也不懂得穿上他小说里女主角的衣服来取悦他。相反，她总是希望他改变，成为她喜欢的模样。

1946 年，沈从文为纪念结婚 13 周年创作了小说《主妇》，回望自己十多年的情感经历。他承认，自己血液中铁质成分太多，精神里幻想成分太多。高青子离开后，沈从文与张兆和的生活回归了平静。然而，这样的平静，对于沈从文来说，却是庸常和无味的。只是，悲喜自知，他的苦闷无处言说。

后来，沈从文的作品被批颓废，杂志社严厉地批评他是奴才主义者，说他的作品是桃红色文艺。时代的洪流，让许多唯美和雅致的东西沉入了岁月，只剩下满世界癫狂而麻木的鼓噪。沈从文不怕指责，但他实在不愿意歌颂和鼓吹，于是，他封笔了。在张兆和看来，他是因胆怯而封笔的。终究，她不懂他。

沈从文患上了忧郁症，住进了清华园疗养。没有人明白，他只是不愿意面对那个乱哄哄的世界。甚至是自己的枕边人，都像是游离于他的世界之外，并不明白他的悲喜。张兆和并没有陪他去清华园，她踏着时代的节拍，穿上了让人艳羡的列宁服，做了《人民日报》的编辑，他们仿佛隔了很远。沈从文在孤独之中，只能无力地回忆凤凰古城竹楼簇拥下的霏霏细雨，或许还有那个不知身在何处的红颜知己。

当沈从文沉浸在自己的世界里，听普契尼和威尔第的音乐，研究古代漆器与丝绸，研究唐宋铜镜和明朝织锦的华美图案，张兆和仍是很不理解。那样热火朝天的年代，他却选择与破铜烂铁为伴，的确，很多人都不理解。对沈从文来说，天下人误解他都无所谓，他只希望身边那个人能懂他。可惜，他失望了，因失望而悲伤。在他悲从中来落泪的时候，她只会笑他软弱。她从未像他爱她那样，去爱他。

在她终于懂他的时候，他已离开了人世。在整理沈从文文字的时候，张兆和在《后记》中这样写道："从文同我相处，这一生，究竟是幸福还是不幸？得不到回答。我不理解他，不完全理解他。后来逐渐有了些理解，但是，真正懂得他的为人，懂得他一生承受的重压，是在整理编选他遗稿的现在。过去不知道的，现在知道了；过去不明白的，现在明白了……”她后悔，没有在有生之年理解他，却是悔之已晚。

许多事，回首之时总会变得清晰，可是打捞的时候，却是万事皆空。被岁月淹没的，便永远属于岁月，再多回味也只能慨叹往事如风。此时的月光，照不到彼时的昏暗；此处的清风，吹不走彼处的尘埃。

赤子其人

在这世上，想要简单生活，轻描淡写地度日，是件奢侈的事。无常世事，会将所有的清浅散淡剪碎，幻化出无边的聚散离合，和无限的落寞惆怅。于是，所有心性简单的人们，走在繁华与寥落交错的迷局里，不知身在何方。

悠然写意，行云流水，沈从文喜欢这样的生活。在他心中，流水断桥芳草的画面永远都在招摇，那是属于湘西山水之间的醉意。如果可以，他愿意寂静而优雅地活着，不去触碰任何纷扰与纠葛。可是，世界毕竟充满变数与起伏。他到底还是被岁月裹挟着，走入喧嚣，落得郁郁寡欢。

他是文学大师，笔意纵横之间，世事悲欢便流淌了出来。欣赏他的人，都认为他是天才，对他青眼有加。不欣赏他的人，都觉得他是无病呻吟，还会拿他的文凭说事。沈从文在西南联大教书的时候，有人曾狂傲地说："陈寅恪才是真正的教授，他应该拿 400 块钱，我该拿 40 块钱，朱自清可拿 4 块钱，可我不会给沈从文 4 毛钱。"

说这话的是大名鼎鼎的刘文典，他是敢跟蒋介石互殴的张扬狂狷之人。刘文典曾公开宣称，整个中国真懂《庄子》的共两个半人，一个是庄子本人，一个是自己，另半个是指马叙伦或冯友兰。在讨论沈从文提升为正教授的教务会议上，大家都举手同意，惟有刘文典表示不满，他说，沈从文是他的学生，若是做了教授，他恐怕要做"太上教授"了。

这样的事，沈从文是可以笑而忘怀的。满地尘埃，风吹即散，明白自己想要的是什么，被人如何评说也就无须挂心。然而，后来发生的事情，他无论如何也做不到恬然自处。当自己的信仰与整个世界发生对立，他显得无所适从。

他是个唯美主义的人，笔下的文字也是如此。他想要呈现的文字世界，是独属于他的牧歌田园。他愿意独自走在其中，不去过问人海之事。可是，这样的酣梦终究是被惊醒了。醒来的时候，就看到郭沫若站在人群之中，气宇轩昂地抨击着他的文字和人性。

郭沫若是被时代征服了的，他是个文人，却不是纯粹的文人。无论是谁，身为文人，当他臣服于政治或者臣服于变迁，也就不再是纯粹的文人，笔下的文字也就会变得面目可憎。曾偶然读到郭沫若写的那些歌功颂德的文字，简直觉得整个世界观都坍塌了。

1948年3月，郭沫若在香港发表《斥反动文艺》，将沈从文定性为桃色和反动的作家。当时，郭沫若是政治旗手，他点名批评的作家，日子都不会好过。而这件事的起因是，十几年前沈从文曾在文章里指出，郭沫若不适合写小说，只适合写檄文或者宣言。今天看来，沈从文说得非常客观，很有见地，也很公道，纯粹是就事论事，并没有故意冒犯之意。没想到，时隔多年，郭沫若认真地回应了他，专门写檄文讨伐了他。

最终，沈从文决定封笔。不过，之所以如此，并非因为文化旗手郭沫若的定性，而是因为时代天翻地覆，他崇尚的唯美与诗意渐渐被人们遗忘了。小桥流水，微雨淡云，是他的文字和生命最愿意驻足的地方。可是人们，包括许多文人，却被卷入了那片红色的海洋。喧嚣与浮华，让沈从文如陷泥淖。无力抗拒，却又不能随波逐流，这倔强的文人，只能选择退避三舍。

他是这样，笔下只能流出美丽与哀愁，他决不允许自己阿谀奉迎或者歌功颂德。后来，许多人都劝他为新社会歌咏而写，他就是做不到。他的文字，只为自己而写。若非如此，他宁可沉默。很多时候，他像个孩子，简单而任性，而世事如冰，所以才有了那些孤独与萧索。

曾经，他希望终身与文学为邻。可以想象，如此执着的他，放弃文学是无比痛苦的。但我们知道，这样的放弃，恰恰是他对于纯粹文学的尊重。只因为爱得极致，不愿意其中有尘埃与渣滓，所以宁愿放下。如果说这是沉默与谎言之间的选择，可以说，沈从文用他的人格做出了选择。

封笔以后，沈从文开始转入历史文物研究，后来写成了《中国古代服饰研究》。如此具有灵性和才华的作家，在那些沉默的岁月里，苦闷与悲伤是可想而知的。实际上，在封笔之初，他曾因绝望而两度自杀：先是将手伸到电线插头上，后来又将自己反锁在房间里，用刀片割断手腕动脉和颈上血管。尽管两次都获救，但他对于喧嚣世界的厌倦显而易见。

人们不理解他，他也不理解人们。就像沈从文的次子沈龙朱说的，整个社会都在欢天喜地地迎接新时代，他却陷入苦闷，还患上了抑郁症，这是思想问题。没错，当然是思想问题，他活在如诗的梦里，而世界，却是尘埃与喧嚷交织着，看不见几点光亮。他的苦闷，恐怕是所有诗性之人在浮华世界里必须面对的。

沈从文是孤独的。他有时候显得过于敏感脆弱。他不像男子汉，抱着妻子的旧信吸溜吸溜哭鼻子。但是，历经时代的风云变幻与人生的波谲云诡，他始终保持着自己的清白。无论是作为文学家还是文物学家，他都是中国文化长河中孜孜不倦的打捞者。多年以后，杂声消散，人们终于明白，那些孤独的坚守，是他生命深处的勇敢。

不过，世事对他的磨砺，却从未停息过。文革时期，那些生命如尘的日子里，沈从文也没能避开风雨交加。抬眼的时候，看到别人写的大字报，上面醒目地写着这样的话语：沈从文头上长疮、脚底流脓，烂透了。写黄色小说，开黄色舞会。写大字报的人，正是当年他尽力帮助过的范曾。孩子气十足的沈从文，无论如何也不明白。许多事他都不明白，只因他活得简单。

范曾画了个屈原像，沈从文看后，善意地指出其中服饰上的错误，范曾说，他那套过时了。当然，画家还不忘了说，他那画是中央批准的。沈从文无言以对，在那些沉默的岁月里，他几乎失去了发言权，也不想说什么。他的生命从未失去底气，但在许多人眼里，却早已微不足道。

文革期间，造反派安排沈从文每天负责打扫历史博物馆的女厕所。尽管他曾自嘲地说，这是造反派领导和革命小将对他的信任，但是竭力的隐忍背后，毫无疑问是痛苦与挣扎。多年以后，记者去采访他，说起文革的事，沈从文虽然不乏调侃，但是聊到伤心处，竟然放声大哭。那样恣意纵情的泪水，流出了所有的落寞凄凉。

对于世界，沈从文曾怀着单纯的幻想。可是后来，他终于看清了，心中纵有千般风雅，终要面对雾霭迷途。这世界，容得下溜须拍马，容得下庸常俗妄，就是难以容下诗情画意。庆幸的是，在时代的洪流中，他从未失去自己。虽然沉默了几十年，到底还是守住了尊严。身为文人，性情与风骨，他并不缺乏。

不折不从，亦慈亦让；星斗其文，赤子其人。这是沈从文死后，张充和为他写的诔文。人生与性情，尽在其中。倒是那位远嫁重洋之外的小女子，了解这天才的文人。不管怎样，在沉默了多年以后，他终究是倦了。去世前那年，林斤澜和汪曾祺常去看望他。他木然地看着电视，突然冒出这样的话：我对这个世界没什么好说的！或许，这世界太喧哗也太粗暴，配不上他的恬静和优雅。

郁达夫：多情却似总无情

问春何苦匆匆，带风伴雨如驰骤。幽葩细萼，小园低槛，壅培未就。吹尽繁红，占春长久，不如垂柳。算春长不老，人愁春老，愁只是、人间有。

春恨十常八九。忍轻孤、芳醪经口。那知自是，桃花结子，不因春瘦。世上功名，老来风味，春归时候。纵樽前痛饮，狂歌似旧，情难依旧。

凄凉而丰盛的生命

“两卷新诗，廿年旧友，相逢同是天涯，只为佳人难再得；一声何满，九点齐烟，化鹤重归华表，应愁高处不胜寒。”这是徐志摩去世后，郁达夫写的挽联，悲伤之情溢于言表。应该说，他们是惺惺相惜的，无论是人生还是性情都很相似。民国文人们，大都是在文化里行走的，而他们，更喜欢行走在爱情里，与红颜为邻，甚至不惜为此遭受世人冷眼。活得纵情纵意，这是必然的结果。

他们年龄只差几十天，曾是杭州府中学堂同学，留学的时候，学的分别为经济学和政治学，但是回国后却都选择文学；他们都有过轰动当时的婚恋事件，郁达夫为了王映霞，徐志摩为了林徽因，闹得满城风雨，却都飘洒自如地过着自己的日子。当然，让人痛心的是，他们的结局都很悲惨。风姿也好，风神也好，突然间寂静，从此没了消息。隔了许多年，人们只能在他们的文字里想象他们独上西楼或者踏雪寻梅的画面了。

从照片上看，郁达夫瘦削的身形显得有些病弱，清癯憔悴的脸上透着些颓唐，眼角的笑意也仿佛含着几分羞赧。假如你看过郁达夫与王映霞的合照，定会为他们那些花前月下的故事感到惊讶。他的憔悴落魄，她的明艳靓丽，这样的对照，使得郁达夫整个人都仿佛失去了光彩。但他，的确是那个风流恣肆的民国文人。

9 岁的时候，他就曾题诗惊四座，15 岁已对许多古籍了然于心，留学日本期间，读了上千部西方文学作品，通晓英语、德语、日语，五十年的生涯留下几百万字的著作。而他的主业，却是东京帝国大学主修经济的。但他又是个不折不扣的文人，无论是人生还是爱情都带着文人的感性和恣意。

就生命而言，这个风流才子虽有瑕疵，至少是纯粹的，与那些溜须拍马见风使舵的人们相比，他们足够洒脱和真实。1927 年初，郁达夫从广州回到上海，虽然广州是当时的革命策源地，但郁达夫还是写出了自己对广州的真实看法，文章叫《广州事情》，严厉地批评了广州革命政府的种种腐败与弊端。

他说，广州的马路很宽，这条宽广的马路底下，曾牺牲了多少民众的脂血。对于党化教育的弊端，他说，青年学生，热情如火，渴慕正义，但都屈服在旧势力之下，见了铁杖，连头也抬不起来。政府说马，学生就马，政府说鹿，学生就鹿。

文章发表后，郭沫若、成仿吾都写文章批评，甚至与他绝交。但是没过几个月，政变发生，他们都不得不承认郁达夫是正确的。可以说，郁达夫有着不合时宜的正直，是真正的中国文人。当然，正直若是合了时宜，就不算真的正直。

苏轼曾经问跟前的人，他的肚子里是什么，有人说是满腹经纶，有人说是锦绣文章，只有王朝云说是一肚子的不合时宜。他自己说过，他每转一个念头，就应当判两千里的流放。或许，郁达夫也是如此。在民国的文人里，郁达夫身上中国旧文人气息最浓。

他风流倜傥的名士风范，很容易让人想到衰飒的晚唐气象：李商隐凄凉隐晦的缠绵绯恻和杜牧之年少清狂的纵情任性。郁达夫喜欢喝酒，无论何时何地，总能不知不觉地喝得醉眼迷离。当然，流连风月也是他灰色人生中常有的行径。其实，民国时期的文人大都还留着旧时代的烙印，喜欢到风月场中采花狎蝶，留下几则老式文人诗酒风流的故事。

胡适是生活严谨的人，年轻时也常纵情地喝过花酒；刘半农喜欢红袖添香的读书方式，后来因被人诟病才渐渐舍却；陈独秀在北大做文科主任时，公然跑到八大胡同去打场。文人的故事里，总有花红柳绿的故事，怕也不能简单地用对错来衡量。只不过，郁达夫喜欢将自己狭邪生活用小说和日记的形式公诸于众，让无数战战兢兢的人们汗颜，却也让无数正义凛然的人们唾弃。不过，他并不在意，活就活得飘飘洒洒，这是他的态度。

郁达夫的放荡不羁，给他的形象造成了负面影响。1935 年夏，郁达夫准备应聘暨南大学教授，教育部长王世杰认为他生活浪漫，不足为人师表，于是阻止了暨南大学对他的聘任。但他骨子里不受约束的性情却从未改变。

刘海粟说，郁达夫感情饱满细腻，才思敏捷，从气质上来说，他是杰出的抒情诗人，他的一生是一首风云变幻而又荡气回肠的长诗；郭沫若说，郁达夫大胆的自我暴露，对于深藏在千年万年背甲里面的士大夫的虚伪，完全是一种暴风雨式的闪击，把那些假道学佳才子们震惊得近乎狂怒；沈从文说，人人皆觉得郁达夫是个可怜的人，是个朋友，因为人人皆可以从他的作品中，发现自己的模样。

这个才华横溢的诗人，其实说到底，就是个典型的文人，风流恣肆也好，不羁放纵也好，不过是文人的通病。而人们对他的评价，却有着云泥之别。赞誉他的，说他是天才或者大师；诋毁他的，说他是花痴或者堕落文人。其子郁飞对他的评价是，有明显优点，也有明显缺点，为人处世过于冲动，以至于家庭与生活都搞得很不愉快；他不是圣人，只是个文人，不应刻意美化他，也不应刻意丑化他。

没错，他就是个文人。在世间，他痴迷两件事，文学和爱情。前者让他流连忘返，后者让他百转千回。没有了文学，那些莺莺燕燕的故事就变得面目可憎；没有了爱情，所有平平仄仄的诗句也就失去了生机。

他嗜好读书，家里藏书颇富，达万册以上，却也有犯难的时候。

▲ 郁达夫（由中国第二历史档案馆提供）

有一次，许多朋友在鲁迅家里饮酒倾谈。鲁迅讲了一则讥讽和尚的笑话：一个老和尚垂死之际，有一桩遗憾使他死难瞑目，就是从来没有看到过女人的私处。弟子们只好花钱雇了一个妓女送到病塌前，老和尚一看，说了让人啼笑皆非的一句话：哦，原来跟尼姑的一样。这才放心西登极乐。听完这个故事后，郁达夫回家就赶忙翻捡藏书，查找笑话的来源。却未能查到出处，心里很是不甘，却也只能惊讶于鲁迅的读书之博了。

尽管说起郁达夫，人们能想起许多名字，然后认真地翻出许多陈年旧事，以此证明他风流成性，甚至说他是斯文败类。但其实，他是个很简单的人，虽有缺点，却是坦荡而真诚地活过。因为简单，所以落寞；因为纯粹，所以漂泊。世间之事很是奇怪。

岁月中那些真性情的人们，都曾孤独地站在大地之上，都曾凄凉地放逐自己在天涯，但他们，纵然寥落，仍旧是不羁的模样。于是，写着郁达夫，依稀想起从前，想起了嵇康，想起了阮籍，想起了陶渊明，还有许多凄凉却丰盛的生命。想着想着，就仿佛置身荒野，却抱着满怀的欢喜，独自斟酌。

酒杯里的人生

放荡不羁，嗜酒如命，这就是郁达夫。都说字如其人，看他的字迹，确有几分醉意。混乱的人间，他选择醉在酒杯里，世事与沧桑都随着他的身形摇摇晃晃。可他又分明醒着，冷冷地打量着世界，以及经过身旁的红男绿女，然后独自上路，走得孤寂而自在。

或许，他本应生活于魏晋时期，在那些衣带生风的画面里飘然来去。假如可以选择，他大概也愿意回到遥远的历史中，与竹林中的那些性情中人浅酌低唱。可惜，他出现在民国。不过这样也好，民国的风流缱绻，因为有了他，更多了几分醉意朦胧。

他是个纯粹的诗人，对人生和世界，有着独特的认知。徐志摩飞机失事而死，他虽然悲伤，也写挽联和追悼的文章，却也说过这样的话：他死得恰好，因为诗人如美人，老了就不值钱了。在恰当的时候绽放，在恰当的时候离开，这就是他对于生命的理解。他也是诗人，所以他知道，在冰冷的人间活着，诗人要面对怎样的境况。与其悲凉地活着，不如在刹那的绚烂之后静默而去。

在别人都扼腕叹息的时候，他说出这样的话，大概会被指着鼻子痛骂。但他应该不会在意，迷雾丛生的人间，他坦荡荡地活着，误解也好，指摘也好，都如日光里的尘埃，没多少力气。更何况，他很清楚，生命被这样理解，徐志摩地下若是有知，定会把他视为知己。两个真正的诗人，隔着碧落黄泉，完成了性灵之间的对话。整个世界只剩惊愕眼神。

关于郁达夫，曹聚仁先生有个著名的比喻。他说：诗人住在历史上是神人，飘飘欲仙的；但住在你家隔壁就是个疯子。郁达夫在安庆教书的时候，有一次，他经过某小巷，看见一家杂货铺的老板娘颇有姿色，便上前搭讪，指名要买老板娘头上的别针和襟上的手帕，那老板娘真的把两件私物卖给他了。郁达夫买回后跑到寝室，对着镜子，用别针刺破自己的嘴巴和手指，让血滴在手帕上，放在鼻子底下狂嗅，越嗅越香，又哭又闹，令同室大为紧张，闹得满屋子人都以为他发神经病。

行事如此疯癫，却是属于他的落拓。魏晋时期的阮籍，也是从来不理会世俗眼神。隔壁酒坊里的小媳妇长得很漂亮，阮籍经常去喝酒，喝醉了就在人家脚边睡着了。那是礼教盛行的年代，但他就是不避嫌，以醉意阑珊的姿态，对抗着那些可笑的逻辑。一个兵家女孩，极有才华又非常美丽，不幸还没出嫁就死了，阮籍根本不认识这家的任何人，也不认识这个女孩，听到消息却赶去吊唁，在灵堂上大哭了许久，把满心的哀悼倾诉完了才离开。

那天的眼泪，让无数人嘲讽。人们笑他癫狂，定也会骂他病得不轻。但是对他来说，真诚地哭过，才算对自己有了交代。他做事从来如此，只跟随本心，不管别人如何评说。美人如花，默然凋零，他心生悲伤，于是不哭不快。在这场痛哭之后，世间许多眼泪就显得太具体也太自私了。

在这世上，多的是战战兢兢如临深渊，少的是汪洋恣肆飘逸如风。大多数人守着横平竖直的规则低沉度日，生怕被人贬抑和指责。于是，越活越没有骨气，越活越没有自我。幸好，还有那么少数几个人，活在自己的世界里，来去自如，无拘无束。诟病也好，谩骂也好，他们轻轻拂去，便独自拥有了风轻云淡。

带着这样的风轻云淡，郁达夫来到了西湖边上。他当然可以枕着湖畔的月色写几首格律诗，那是他最喜欢做的事。但是若干时日后，他却得出了这样的结论：每隔五分钟，就可以看到缁衣秃顶的佛门子弟，漫然阔步在许多摩登士女的中间。对他来说，观察这样的事情，也并非只是因为百无聊赖。兴之所至，就站在了那里。很多时候，郁达夫做事是不问缘由也不计后果的。闻所闻而来，见所见而去，他的身影总是飘忽不定。

见福州的饼很特别，好端端地在中间凿了一个孔。后来他知道，那种饼是为了纪念戚继光的。据说当年，戚继光带三千山东子弟兵到福州追歼倭寇，便发明这种饼，可穿绳子，挂在脖子上，作为行

军时的干粮。郁达夫突然来了兴致，就买了很多，用绳子串起来，套在脖子上，独自跑到于山戚公祠，去凭吊戚继光了。

那日，想必他也为那荒草间早已沉默的英雄悲伤过。但是日暮时分，他若是怀着喜悦踏歌而去，也并不奇怪。寻常逻辑无法跟上他的步伐，更无法解释他的行为。他活着，不为被人理解，不为被人歌颂，只为活出属于自己的风姿。或者，根本就没有目的，只是纯粹地活着，如水般无欲无求。

某天，郁达夫请人吃饭，结账的时候，竟然从鞋垫底下拍出几张钞票交给了服务员。这个举动着实让他的朋友感到意外，他的朋友诧异地问其缘由，郁达夫笑笑说："这玩意儿过去一直压迫我，现在我也要压迫它！"手头拮据的时候，他对几百元的工资不太满意，有一次拿到工资，把钱撒在地板上，用脚狠狠地踩。房东老太太看了，直跟人说，真是发神经了！

郁达夫是风雅的诗人，但是出格的事也干了不少。在许多人眼中，他是个不折不扣的疯子。其实，在不羁的外表下，裹着的是那颗天真的心。癫狂之后，他其实比许多人更清醒。世事变幻，人情冷暖，他都看得很透。大概也因为如此，他选择了放浪形骸。

当然还有酒杯。醉在酒杯里，是他的嗜好。不过也可以这样理解，他时常站在酒杯之外，看酒杯里醉意阑珊的世界。天子呼来不上船，自称臣是酒中仙，这是李白的醉意。想必，酒醉后的郁达夫，也会将乾坤日月聚散离合忘得干干净净。

他喜欢饮酒，甚至在火车上也是手不释杯。在他的日记中，隔三岔五就来这么一句"喝酒三坛大醉"。他说："不晓得什么地方听见过一位俄国的革命家说，我们若想得着生命的安定，于皈依宗教、实行革命、痛饮酒精的三件事情中，总得拣一件干干。头上的两件，我都已没有能力去干了，那么第三件对我最为适宜……”

与好友饮酒，郁达夫总是不醉不归。有一次，楼适夷来请郁达夫喝酒，醉后被送到弄堂口，雪大路滑，醉倒在地，竟然睡到了天亮。路过的人将他送回家，他嘴唇发紫，牙关失控，咯咯作响。直到下午神智才清醒。对他来说，这样的沉醉很是平常。只是，醒来的时候，茫茫世界，世事无常，仍要勉力应对。虽然放旷飘洒，毕竟活在繁芜的人海。

郁达夫曾在福建省政府里任职。据说他每天下午才去上班，而且必拎两瓶黄酒置于案头，边喝酒边办公。苏轼在杭州任职的时候，曾将办公桌搬到西湖边上，边赏景边办公。隔了八百多年，画面不同，却是相映成趣。

舍去规则，许多事就会莫名地生动起来。可惜，能够舍去规则的，毕竟是少数人。流亡之时，皮箱里装着白兰地和牛肉干，在船上饮酒写诗，这样的闲情逸致，恐怕只属于郁达夫这种人。

生怕情多累美人

他是个多情种。在民国所有的文人里面，他的爱情故事恐怕是最扑朔迷离和异彩纷呈的。尽管如此，他还是没能摆脱凄凉的命运。当所有的故事渐成云烟，他也悄然遁出了人海。来得寂静，走得默然。民国的风流，似乎总带着些悲情色彩。

在乱世里彷徨，在女人间辗转，他总是那样，憔悴而放纵。他喜欢让自己穿行于那些风花雪月的故事，假如他不是那样癫狂不羁，大概可以与某个女子在某个地方，过流年如水的简单生活。但是那样的话，他也就不是郁达夫了。

他在诗中这样写：曾因酒醉鞭名马，生怕情多累美人。但他的人生，始终在寻觅爱情。走走停停之间，生命也就渐渐洇开成乱世悲歌，而那些曲曲折折的爱情，也从你侬我侬变成了落花流水。即使如此，他仍旧在寻找，就好像不在爱情里游走，人生就失去了力气和意义。

如很多旧时的文人，他喜欢在爱情里写诗，用那些平平仄仄的句子点缀或者渲染爱情，纵然是爱情幻灭，也仍旧要用写几首诗来祭奠。当然，除了写诗，他也写小说。那部叫做《沉沦》的小说集，因为展现了灵魂与肉体的矛盾而让郁达夫成名。其实，小说中那个矛盾的青年就是郁达夫自己。

在不识愁滋味的时候，郁达夫就在自己的人生里刻下了爱情的记号。懵懂的他与邻家的赵姓少女，依稀可见的青春往事，虽早已成岁月尘屑，却开始了他对于爱情的求索之路。从此，他从未停下脚步，从此处到彼处，从相见到别离，演绎了无数段或明或暗的故事。但也因为这样的辗转，在感情的世界里，他总是没有归途。

在日本留学的时候，郁达夫又曾经与后藤隆子、篠田梅野、玉

▲ 1926年3月18日，郁达夫与创造社同人郭沫若、王独清到广州与成仿吾会齐，图为在广州合影。（由中国第二历史档案馆提供）

儿等日本少女产生过恋情。后藤隆子被郁达夫昵称为“隆儿”，是郁达夫下宿处附近的“小家女”。郁达夫每次从学校到市上去，都要从她的家旁经过，遂产生情愫，并为她写下了四首诗。蓧田梅野是名古屋旅馆的侍者，郁达夫与她交往数月，同样也为她写有诗词。

玉儿也是侍女，郁达夫为她所写的情诗“玉儿看病胭脂淡，瘦损东风一夜花，钟定月沉人不语，两行清泪落琵琶”至今为人称道。

此后的人生里，即使是在结婚以后，郁达夫的世界里仍有许多女子来来去去，其中不乏烟街柳巷倚门卖笑的女子。看上去，他倒真的很像杜牧，纵然落得薄幸无情之名，却不愿舍弃那些花前月下的缠绵缱绻。只不过，缠绵过后，烟消云散，世事仍在冰冷地变幻，而他已开始莫名地悲伤。所有的风流才子，就算再洒脱再飘逸，也总会在数点前尘往事的时候，不自禁地泪眼迷离。

郁达夫与孙荃的婚姻，本来是羡煞旁人的。尽管是媒妁之言，但因为孙荃出身于书香世家，能诗善文，长得也温婉秀美，当时的郁达夫阅人不少，还是为这个女子感到惊叹。在他看来，孙荃文字清闲，文采远胜于前清秀才。这话虽有些夸张，但也可以由此看出，孙荃的确是个才貌不可多得的女子。

相识不久，他们就开始写信吟诗唱和了。郁达夫对孙荃的诗作颇为欣赏，曾把自己的诗和孙荃的诗混在一起，以自己的名字发表在《之江日报》上，竟使读者真假难辩。郁达夫还把孙荃的诗作编成集子，命名为《夕阳楼诗稿》。

吟诗作赋，把酒言欢，这大概是郁达夫最喜欢的画面。虽然他见过许多女人，但是能与他性灵契合的，毕竟是少数。于是，那些日子，他把文人所有的多情和浪漫尽数赋予了孙荃。然后，他们如愿地成婚了。

最初，生活平静而诗意。我为你煮酒，你为我写诗，仿佛日子可以就此下去，直到最后。但是郁达夫到底是多情之人，他若停在某个女子身边不走，从此心无旁骛，恐怕整个人都会感到不安，而满腹的诗情也会找不到出口。于是，走着走着，这场琴瑟和鸣的婚姻到了尽头。

故事的最后，郁达夫来到了王映霞的身边，孙荃从此念佛诵经，再未嫁人。郁达夫的长女郁黎民回忆说，小时候睡觉醒来，总能听到隔壁小佛堂传来母亲喃喃的诵经声，和着轻敲的木鱼声。爱已成灰，这样诗性的女子，只能在经文里求得些许安慰，多令人唏嘘！多情与无情，原来只隔着薄纱。

1927 年，郁达夫初次见到王映霞就蓦然间陷入了情网，从此不能自拔。王映霞是个性格活泼的知识女性，长身玉立，曲线窈窕，面如银盘，目似秋水，在学校里是当之无愧的校花，及笄而后，更居当时杭州四大美人之首。虽然遭到许多人的反对，而他自己也有妻室和孩子，但是从初见的那天开始，郁达夫还是对王映霞展开了猛烈的爱情攻势。

朝来风色暗高楼，偕隐名山誓白头。
好事只愁天妒我，为君先买五湖舟。

这样的情诗不断出现在王映霞的枕边，她终究还是心动了。在她心扉被撞开的时候，郁达夫适时地说了些天长地久海枯石烂的话，于是她下定了决心，与这浪漫文人相守岁月。才子多情，美人如玉，熟悉的情节，熟悉的画面，自然地，结局也很是相似。爱情总是这样，开始的时候纵然再美，结局也总是西风萧瑟，落花无语。

渐渐地，两个人发现，这段如诗如画的爱情，其实有着许多的不如人意。郁达夫是才子，但他习惯了放浪形骸，总是不修边幅，常常头发不梳、胡髭不刮、衣服不换、皮鞋不擦，甚至十天半月不洗澡，王映霞无法忍受，每次都弄到剑拔弩张的地步。

还有，郁达夫好酒，经常喝得烂醉如泥，醉卧在朋友家里，甚至醉卧在马路上。王映霞劝他少喝，他却觉得她多事。某年夏天，因为王映霞干涉他喝酒，郁达夫负气离家出走，独自喝得酩酊大醉，躺在黄浦江边码头上，身上的钱包及手腕上的手表都被小偷摸走。他的任性和孩子气，让王映霞心痛不已。爱情，也在不知不觉间，失去了往日光彩，变得晦暗而惨淡。

1936 年，郁达夫去福建省政府任职。长久的异地相隔，感情本就越来越淡薄，偏偏此时，王映霞与浙江省教育厅长许绍棣之间发生了暧昧。事情传到郁达夫那里，他开始不愿相信，但是当他看到王映霞与许绍棣之间的情书时，再也无法忍受。几次争吵后，两人在报纸上各发启事，甚至恶语相向。闹到那个境地，爱情再也无从谈起。曾经的神仙眷侣，结局不过是，桥归桥，路归路。

后来的那些年，在郁达夫的生活中，有过李小瑛，有过何丽有，但是与之前的爱情相比，这些故事苍白了许多。因为崇拜郁达夫的才华，李小瑛搬到了郁达夫家里，开始了双栖双宿的生活。但是最终，缱绻成了回忆，只留下心底细密的伤痕。至于何丽有，没有孙荃的美丽，没有王映霞的默契，没有李小瑛的才华，她甚至不懂中国话。她走入郁达夫的世界，只是个奇怪的巧合罢了。直到郁达夫去世，她都不知道自己的丈夫原来是当世才子。

可以说，是郁达夫不羁的个性毁了爱情。这样癫狂任性的才子，配得上任何美丽的爱情，却配不上烟火人间的幸福。他们永远是这样，游走于尘世，只要自由自在，不要樊笼拘束。对他们来说，与其身陷柴米油盐的日子，不如流连风月或者醉卧松云。而郁达夫，骨子里的放纵多情，更是让他无法只为某个女子停留。

故事早已落幕，岁月荒草蔓延。多年以后，歌里这样唱着：故事在城外，浓雾散不开，看不清对白；你听不出来，风声不存在，是我在感慨；梦醒来是谁在窗台把结局打开，那薄如蝉翼的未来经不起谁来拆……

来去如谜

看上去，他只如烟雨孤鸿，在烽火连城的岁月里飘飘荡荡。在许多人眼中，他是放浪形骸之人，是风流多情的才子，只会在文字和女人之间游走，生命几无厚重丰盛可言。但其实，他是个充满生命热忱的人。

所有的癫狂与放纵，都在那些清冷的夜晚，归结为某种深情。他可以在酒中宿醉，也可以在诗中彷徨，但当他清醒而坚定地站在大地上，我们也不必太惊讶。他的骨子里其实是有深沉与笃定的。江湖夜雨潇潇，他很愿意为别人点起灯火。于是，对那些放荡不羁，

▲ 成仿吾（左），郭沫若（中），郁达夫（右）（由中国第二历史档案馆提供）

我们理应给予足够的宽容。

鲁迅被创造社和太阳社作家拼命攻击的时候，郁达夫公开站出来支持鲁迅；林语堂访问重庆，不久即宣布将返美，当时有不少人批评他国难当头还要离开，是为了图安逸，还有人批评他舍不得在美国的家产，郁达夫力排众议，强调作家要靠着著作才能证明自己，林语堂在美国积极为中国宣传功不可没，才平息了这段纷争。

对于那些才华横溢的后生晚辈，郁达夫总会给予提携与支助。有时候，为了帮助别人，弄得自己寒冬里连棉裤和外套都买不起。但他心里却是暖的，只因年轻时他也曾得到过别人的帮助。他喜欢施恩，更懂得感恩，只不过，很多时候他喜欢以不羁文人的姿态出现。

郁达夫发现了青年诗人冯蕉衣的才华，便常将他的来稿稍加修改发表，还时时当面指点。后来，郁达夫脚气病发不能行走，便委托冯蕉衣去报馆代为发稿和看大样。1940 年，27 岁的冯蕉衣因贫病交迫而早逝。次日郁达夫送其入殓和入土，最后，他又为冯蕉衣遗诗的出版写了情词恳切的序言。

沈从文 18 岁时到北京来谋生，他住在一会馆的小亭子间里写小说。冬天到了，凉快透顶，下大雪时，没有炉子，身上只两件夹衣，他就用旧棉絮裹住双腿，双手发肿、流着鼻血地写小说。郁达夫因读到了他的小说，前去看望，拿出五元钱请沈从文去附近吃了顿饭，结完账后，他把找回的三元多零钱和自己的毛巾都塞给了沈从文。其实，当时郁达夫每月的工资也仅仅是 30 元。

对于那些立志进取而缺吃少穿的穷学生，郁达夫宁愿自己挨饿受冻，也不愿看到他们忍饥受寒去上课。当人们鄙薄或者指斥他的时候，其实应该看到，他的生命始终在严寒之处燃烧着，为了那些素不相识的人们。其实，人与人之间本应如此，我给你冬日的火炉，你给他夏日的树荫，由此及彼，由近及远，每个无助或凄凉的生命便有了着落。

就这样关照着年轻人，突然间他走上了革命之路。尽管他曾说自己不是个战士，只是个作家，并因此被左翼作家联盟除名；尽管他不曾扛起枪杆与外敌以死相拼，但他的确以笔为枪，在寂静的角落里，为自己的理想浴血奋战过。

夏衍曾说，郁达夫是伟大的爱国者，爱国是他毕生的精神支柱。终于明白，他飘洒随性的行迹里，深藏着这样的情怀。诗也好，爱情也好，在他为河山破碎而痛心的时候，都成了风影。那时候，人们看到的他，虽仍有醉意，却已是凛然在身。

郁达夫远赴南洋七年多，以笔为枪控诉日寇、以机智巧妙周旋于南洋战场，甚至释然面对死亡的威胁。每年初，他都会为自己立下遗言，随时准备为革命献身。虽然他早已殒身，但他的英年碧血永远与南洋波涛同在。

1921 年 10 月，当时日本政界赫赫有名的尾崎行雄，到中华留日学生青年会给近千名中国留学生演讲。尾崎在演讲中把辛亥革命后的中国仍叫做“清国”，还带有明显的讽刺意味。郁达夫拍案而起，用流利的日语问尾崎行雄，将辛亥革命后的中国仍然称作清国，是故意这样称呼，还是不知道中华民国这个事实。尾崎行雄哑口无言，只得被迫道歉。

热血满腔，这也是郁达夫。日本侵略中国后，他无比愤怒，只要提到“日本”二字，他就有一种抑制不住的反感。有一次，他在福建同日本人松永一起吃饭，当着众人的面，在席上痛斥日本军国主义者的野蛮行径，正气凛然，令人震惊。

某天晚上，刘海粟和郁达夫躺在新加坡期颐园中的草地上，两人随即谈及时局。郁达夫忽地愤然跃起，仰天喃喃地说："海粟！万一敌军侵入新加坡，我们要宁死不屈，不能丧失炎黄子孙的气节，做不成文天祥、陆秀夫，也要做伯夷叔齐！"

1937 年 12 月，日军攻陷杭州、富阳后，郁达夫的七十多岁的母亲不愿做亡国奴，躲在夹墙中，除夕那天饿死于家乡的鹳山。两年后，郁达夫的大哥郁曼陀在赴法院途中，被奸徒狙击，连中三弹殒命。国恨家仇交织在心，郁达夫悲痛欲绝，写下了这样的对联：

天壤薄王郎，节见穷时，各有清名扬海内；

乾坤扶正气，神伤雨夜，好凭血债索江东。

浩然与悲伤，尽在其中。然后，他将悲伤埋到了心底，投入了抗日的洪流。尽管此后，人们看到的他，还是那个放浪行迹的模样，但他的生命，已不再黯淡和无力。那些风雨如晦的岁月，他如修行的老僧，坚守着自己的信仰，不离不弃。原来，瘦弱的身体里，也藏着几许庄严。

1937 年，郁达夫积极投身于抗日救亡运动，被推选为福州文化界救亡协会理事长，并与杨骚共同担任《救亡文艺》主编。在 47 天内，郁达夫发表的作品就有 20 篇。他在光禄坊寓所为文学青年程力夫的题词中写道："我们这一代，应该为抗战而牺牲。"1938 年底，郁达夫应新加坡《星洲日报》所聘，出任该报副刊《晨星》的编辑，发表了大量号召抗日的文章，影响巨大。

1942 年 2 月，日军占领了新加坡，作为南洋文化界抗日领袖的郁达夫便开始在南洋诸多岛屿间不停地转移。他在印度尼西亚苏门答腊省的某个小镇住下，为了隐藏身份，他化名赵廉颇，做了酒厂的老板，甚至还娶了不懂中国话的何丽有为妻以作掩护。

因为精通日文，郁达夫被迫给日本宪兵分队做了大半年的通译。在担任通译期间，他经常利用各种机会掩护和支持华侨及印尼人民的抗日活动。胡愈之、王任叔、邵宗汉、沈兹九、张楚琨这些流亡印尼各地的抗战文化人先后来到这里，得到他的庇护。

然而，后来他还是暴露了，那些被捕的软骨头出卖了他。1945年8月底，在全国人民都在欢庆抗日战争胜利的日子里，郁达夫在那座异乡的孤岛被捕了，从此神秘消失。竟然是那些异族人，为他的生命画上句号！

那晚，郁达夫如寻常般，在家中与几位朋友喝茶聊天，商谈如何结束酒厂和农场的事情。突然进来一位白衣青年，把他叫到门口，讲了几句话。然后，郁达夫返回客厅向朋友们告辞后，便匆忙地走了出去。他的语气相当平和，神色也无异样，甚至不曾换件衣服，就身穿睡袍，脚趿木屐，离开了家人和朋友。谁知，那晚之后，他便杳如黄鹤，从此没了踪影。

据说，因为郁达夫在日军宪兵队做过翻译，知道他们不少罪证，在盟军远东军事法庭即将开启之际，早已侦悉其真实身份的日本宪兵既害怕他出庭作证，又害怕他回国撰文，因此非将他除掉不可。在他失踪后不久，他的小女儿郁美兰来到人间，但她却无缘与那个风流不羁的父亲见面。后来，郁达夫被追认为革命烈士，但他已听不见任何声响。

生命来去，只如谜题。但是，远远望去，他似乎仍在那里，手握酒杯，醉眼迷离，任性而纯粹地活着。人们不停褒贬，他从不在意。他已将生命写成了诗，如残阳饮血。读得懂，自会明白他的悲喜。

李叔同：半世风流半世僧

城南小住，情适闲居赋。

文采风流合倾慕，闭户着书自足。

阳春常驻山家，金樽酒进胡麻。

篱畔菊花未老，岭头又放梅花。

与佛有缘的才子

长亭古道，芳草连天；夕阳山外，浊酒余欢。离别的画面里，总有人黯然消魂。那年那月，他也曾在呜咽的晚风和笛声里沉默。寻常的尘世，寻常的情节，写着不寻常的词句，那时候的他风流倜傥。他是个性情中人，会为聚合而欢喜，会为离散而悲伤。大概谁都不会想到，后来的他会遁入空门。然而，他真的那样做了，悄然间远离了尘嚣。

他是李叔同，也就是人们熟悉的弘一法师，祖籍浙江平湖，出生于天津。父亲李筱楼是当时天津富商，曾经中过进士，做过吏部主事，后来辞官经商，做得顺风顺水。李叔同的母亲是李筱楼最小的姨太太，备受李筱楼的宠爱。李叔同在富贵乡里长大，从小聪明伶俐，乖巧可爱。李筱楼去世时，李鸿章前来吊唁，见到年方五岁的李叔同，顿时被这个孩子身上聪慧灵秀的气质所吸引，惊为天人。

李鸿章没有看走眼，纵观李叔同生平，他是个奇人。诗词歌赋、书画音乐、金石篆刻，他都了然于心。身为老师，涉足戏剧，他也是得心应手。难怪，他的学生会这样评价他：少年时做公子，像个翩翩公子；中年时做名士，像个名士；做话剧，像个演员；学油画，像个美术家；学钢琴，像个音乐家；办报刊，像个编者；当教员，像个老师；做和尚，像个高僧。

在很多方面，他都算是天才。只是，太过聪慧的人，往往逃不开孤独。只是，同样的孤独，有些人走向黯淡，有些人走向恬淡。李叔同属于后者，所以他归了青灯古佛。在此之前，写了许多别致清雅的诗，画了许多浓淡相宜的画，当然，还培养出了如丰子恺、潘天寿、刘质平、吴梦非这样杰出的文艺人才。

启蒙之期，李叔同即受中国传统文化之熏陶与审美训练。5岁便跟随母亲习诵古诗格言，六七岁时即攻读《昭明文选》，居然能朗朗成诵，被人们誉为神童；10岁始读《四书》《尔雅》《古文观止》《格言联璧》等文化典籍。翰墨之事，先是在管家徐耀庭的指导下，学习《石鼓文》以及魏碑。十几岁时，其书法名气已经名震乡里。其后又跟随天津名士赵幼梅学习诗文、津门书印名家唐静岩学习篆书以及制印之法。

在这样的熏陶之下，李叔同慢慢走上了才子之路。天赋异禀的他，喜欢在诗词书画里尽情游走。令人惊异的是，在沉醉于经史子集和诗词歌赋的同时，他还喜欢背诵《大悲咒》和《往生咒》等佛经。可以说，他本就是与佛有缘的。

事实上，他最喜欢的诗人也是诗句里满是禅意的王维。行到水穷处，坐看云起时；松风吹解带，山月照弹琴，这大概是李叔同最喜欢的意境。于是，多年以后，从西装革履到僧衣芒鞋，从滚滚红尘到清静佛堂，从文坛名士到得道高僧，人生转得突然，却是不落痕迹。

在李叔同的青春往事里，有个叫杨翠喜的女孩。但是后来，这个女孩被强权之人当做礼物送入了豪门，李叔同伤心欲绝。年轻的时候，他做不到得失随缘，也做不到笑看聚散。李叔同的母亲和大哥看他整日郁郁寡欢，又不想他总是沉湎于风花雪月，便托人为他物色佳人，希望通过婚姻让他的生活步入正轨。

不久之后，那个姓俞的女子走入了李叔同的世界。她是茶商的女儿，端庄秀雅，温柔贤淑，可是李叔同却对她毫无感觉。甚至可以说，在李叔同的世界里，她是个可有可无的人物。李叔同喜欢的，是那种可以与他琴书相和的女子。与杨翠喜相比，俞氏若不能说乏味，至少是缺少雅趣。

当时的李叔同，风流中更有几分不羁，对这场由家人包办的婚姻，自然是极力反对。不过最终，为了让母亲安心，他还是同意了。1897年，李叔同和俞氏结了婚。就像民国时许多被媒妁之言捆绑过的文人，李叔同仍希冀着如诗的相逢。他想着，该有个巧笑倩兮的女子，飘入他沉寂的年月，与他把酒言欢。那时候，对这个风流才子来说，有花有酒有诗的日子，才是真的日子。至于已有的婚姻，只是恼人的负累。

结婚后的第二年，戊戌变法失败，六君子血溅天津，与康有为和梁启超有关的人都受到牵连，据说李叔同曾刻有印章“南海康君是吾师”，竟因此引得流言四起，为了躲避这突如其来的事件，李叔同举家搬迁至上海。那段诗酒趁年华的生活，也就开始了。

早就浸染了清末世家子弟生活作风的李叔同，不仅才华横溢，而且风流恣肆。他喜欢养鸟品茗或者吟风弄月，也喜欢流连于青楼瓦舍，在温柔乡里缱绻缠绵。尽管有了妻子，但是在上海的那几年，这样的习气仍没有丝毫改变。

直到母亲离世，他才认真地归结了人生，决定认真地生活。然后，他去了日本。回来的时候，身边多了个日本女子。年轻的时候，仿佛没个女子在身边，生命便会枯萎似的。可是，突然顿悟，没了执着，心也就安静了下来。当他看到寂静处的风景，才终于明白，风流快意，不过是水月镜花。那是多年以后。

披发佯狂走。莽中原，暮鸦啼彻，几枝衰柳。破碎河山谁收拾，零落西风依旧。便惹得，离人消瘦。行矣临流重太息，说相思、刻骨双红豆。愁黯黯，浓于酒。

漾情不断淞波溜。恨年来絮飘萍泊，遮难回首。二十文章惊海内，毕竟空谈何有。听匣底，苍龙狂吼。长夜凄风眠不得，度群生、那惜心肝剖？是祖国，忍孤负。

▲ 李叔同（由中国第二历史档案馆提供）

写这首词的时候，李叔同眼中的中华大地是纷乱而萧索的。彼时，满清王朝已是苟延残喘，只剩下游丝几缕，支撑着属于封建王朝的最后气息。山河破碎，人影凌乱，年轻的李叔同百感交集，于是就有了这些豪情激荡的词句。宠辱不惊，去留无意，印象中的李叔同是这样的。但那样的从容是在多年以后，年轻时他是感性的诗人，有过悲欢交织的岁月。

不过，对于科举这件事，他倒是看得很淡。几次参加科举，都以惨淡收场，他从未放在心上。家境优渥的他，无需为功名而劳神费力。同时，骨子里的澹泊，也让他对追名逐利之事没多少兴致。

或许，在别人因科举失意而垂头丧气的时候，他的心境却是这样："烟花巷陌，依约丹青屏障。幸有意中人，堪寻访。且恁偎红倚翠，风流事，平生畅。青春都一晌。忍把浮名，换了浅斟低唱！"如柳永那样，做个白衣卿相，李叔同大概这样想过。只是后来，他突然了悟，远离了浮华世界，风流不羁也便成了岁月尘屑。那时候，他独坐须弥之巅，万里浮云，悲欢聚散，都看得无比透彻。

世间的许多人，即使看过万千风景，即使经过浮沉起落，仍旧执迷。人间陌上，迷雾纵横，能看透世事的人毕竟寥寥。但他，却真的看透了，红尘聚散，万家灯火，突然之间恍如云烟。或许，只需刹那，便能明白回头是岸。只不过，彼岸是否花开，无人知道。

风月无边

上海，总有人比那些憔悴的灯火更加醉眼迷离。现在，李叔同来了。刚停下脚步，他就开始在这里寻找醉意了。那时候，他是欢畅而无忧的。李家在上海申生裕钱庄中设有柜房，存有大量财产，李叔同无须为生计而奔波。他有若干年的时间，去书写那段诗酒趁年华的故事。故事里，有吟诗作赋的才子，有清扬婉兮的红颜。自然的，还有风月无边。

李叔同进入南洋公学经济特科班读书，当时蔡元培任班主任。同班的还有谢无量、黄炎培、邵力子等才俊。不过后来该校发生罢课风潮，蔡元培辞去学校教职，李叔同随后即从南洋公学退学。没有了这样的束缚，李叔同更加喜欢上海的生活了。可以说，对这个满腹诗情的才子来说，来到上海就是龙潜深渊。

到上海后不久，李叔同加入了城南文社。城南文社是切磋诗词文章的好地方，时常有文人雅集，倾谈世事，以文会友。在某次活动中，李叔同写了《拟宋玉小言赋》，赢得了所有人的赞许。其后，他便被许多人熟知了。城南文社的成员许幻园对他很是赏识，于是他迁居到了许幻园家的城南草堂。

后来，因为志趣相投，李叔同与袁希濂、许幻园、蔡晓香、张小楼结金兰之谊，号称“天涯五友”，每日饮酒吟诗作画，日子过得风流写意。李叔同除了参加天涯五友的诗词唱和外，又与张小楼、许幻园、吴宜中等发起创办了海上书画公会，作为同人品书论画之所，每周定期出版刊物《书画公会报》。那年，李叔同出版了自己的作品集《李庐诗丛》《李庐印谱》。

搬到城南草堂后，许幻园专门开辟了书屋，供李叔同读书之用，其屋内藏书丰富。不过，年轻的李叔同，更喜欢与那些风流才子们笑谈风月。因为身处上海，风月场所遍地，这些才子是那些地方的常客。和当时的沪上名妓朱慧百、李苹香、谢秋云等多有往来。虽然已有妻室，但是那个时候，似乎没有人能约束李叔同的放纵不羁。

与那些温婉多情的女子相比，妻子俞氏总显得苍白无味。

他们之间，的确存在着很大的距离。俞氏虽然贤惠，愿意毫无怨言地相夫教子，但她无法成全他花红柳绿的梦想。在他的面前，她甚至有些卑微。那年，李叔同还在南洋公学，住在学校里边。大雪纷飞的冬天，母亲和俞氏去学校给他送衣物，好不容易才找到他的宿舍。看到母亲出现在眼前，李叔同赶紧把她请进房间。母亲用手指了指门外，李叔同抬眼望去，看到俞氏远远地站在雪地里，怯怯地望着这边，雪花飘飘洒洒地落在她的头上。

母亲告诉李叔同，俞氏不愿意出现在丈夫同学的面前，生怕说错什么话给丈夫丢脸，所以只是远远地等着。那个瞬间，李叔同在感动中更有些愧疚。但也没办法，无论如何，她不是他的知己红颜。显然，对于喜欢诗酒流连的李叔同来说，俞氏虽然是他的枕边之人，却又永远在他的世界之外。可以说，他们之间的距离，就是诗人与俗世之间的距离。

李叔同的生命中，最先翩然而来的，是那个叫杨翠喜的女子。那时候，天津城繁华如梦。李叔同就在这样的梦里，渐渐长成了才子。富贵顺畅的他，游山玩水之余，也时常混迹烟花之地，于是邂逅了花容月貌的坤伶杨翠喜。

杨翠喜本姓陈，幼年时家贫，被卖给一个杨姓乐师，从师习艺，花季之时已是楚楚动人，颦笑之间惹人怜惜。她天生好嗓子，初次登台献艺，就博得了满堂彩。杨翠喜每晚在天津福仙戏楼唱戏，只要她登场亮相，台下的叫好声总是此起彼伏。

终于，李叔同来了。他的风流遇上了她的温婉。她在舞台上美目流盼，笑靥如花，他在舞台下目不转睛，如醉如痴。他喜欢她的美丽多情，她钟情他的才华横溢。像许多才子佳人的故事，浪漫与缠绵，来得悄然无声。

后来，李叔同每晚都去为她捧场，散戏后便提着灯笼陪送她回家。李叔同在戏剧方面本就有深厚的底蕴，于是他为她讲解其所演绎的戏曲中的历史背景和人物性格，甚至手把手指导杨翠喜舞台身段和唱腔。终于，最初的尽情谈笑，成了最后的你侬我侬。他们之间，渐渐没了距离。

燕支山上花如雪，燕支山下人如月；额发翠云铺，眉弯淡欲无。夕阳微雨后，叶底秋痕瘦；生怕小言愁，言愁不耐羞。

晚风无力垂杨嫩，目光忘却游丝绿；酒醒月痕底，江南杜宇啼。痴魂消一捻，愿化穿花蝶；帘外隔花荫，朝朝香梦沾。

这两首《菩萨蛮》是李叔同为杨翠喜而写的，柔情与醉意尽在其中。那少年才子大概不会明白，聚散离合只在刹那。再唯美的画面，再清浅的情节，也经不起风吹雨打。因为杨翠喜的名气越来越大，很多京城的高官巨贾来到天津，都会去福仙戏院睹其风采，其中就包括庆亲王奕劻和他的儿子载振。

天津的地方官员段芝贵得知位高权重的庆亲王也对杨翠喜感兴趣，这个袁世凯手下的红人敏锐地意识到，自己升官发财的机会来了。于是，段芝贵毫不犹豫地花重金把杨翠喜从福仙戏院里赎出来，亲自护送到北京，亲手送到了庆亲王府上。于是，李叔同的初恋莫名地结束了，他的心上人落入了泥淖。

苍茫的世界，荒凉的年月，所有的烟花女子，都只如尘埃。美丽也好，清雅也好，孤绝也好，终究都会归于寂静。繁华与萧瑟，其实离得很近。深情的李叔同，泪眼迷离地写下了这首《早秋》："十里明湖一叶舟，城南烟月水西楼。几许秋容娇欲流，隔著垂杨柳。远山明净眉尖瘦，闲云飘忽罗纹绉，天末凉风送早秋，秋花点点头。"凉风天末，世事如霜，他总会在聚散之间，渐渐远离红尘世事。

几年以后，在相似的地方，遇见了相似的人。李萍香飘入了李叔同的世界。或者说，他闯进了她的月下西楼。她是被无数人垂青的海上花，窈窕多情；他是诗情画意的翩翩佳公子，风华正茂。初见之时，仿佛早已相识。在她的天韵阁，他赠她七绝三首，她大赞他的才华，同样用心地作诗回赠。然后，他们便成了彼此的知己。

遇上她，他才知道世上还能有这样的女子，秀美的容颜，洒脱的个性，无比的灵性，万种的柔情，都让他无比沉醉。尽管无奈沦落风尘，但她骨子里却是清高而孤绝的，庸常之人很难入她的眼。也只有李叔同这样的才子，能敲开她的心扉。

他们的交往越来越频繁。月白风清的日子，他们总是伴着彼此。才子佳人，诗酒唱和，风花雪月，情深意浓。这样的快乐分明像梦，却又真实地存在着。然而，好的故事往往注定很难有好的结局。他们没有相约要白头偕老，只是珍惜见面时的诗情画意。

母亲故去后，李叔同感觉灵魂如游丝飞絮，飘荡无根，加之所追随的偶像蔡元培先生被当局揖拿，深感再不能在花丛追逐，于是决定远赴日本。临别时，他赠她七绝四首，她同样以诗回赠。他们都是那样，洒脱而干脆。

只是，离别的感伤，早已让李叔同心如空城。在遁入空门之前，他是个深情的人。每次离别，他都难掩心伤。黯然消魂，唯别而已，江淹的心境，也就是他的心境。他笔下的离别是这样：长亭外，古道边，芳草碧连天；晚风拂柳笛声残，夕阳山外山。天之涯，地之角，知交半零落；一壶浊酒尽余欢，今宵别梦寒。这是属于他的阳关三叠。

异国情缘

流连风月，醉卧花间；填词写诗，围炉煮酒。那时候，他是个诗人，或者说，他是个风流才子，有着古典文人的心境和情怀。人们印象中的李叔同，是寂静和绝俗的。不过，在了悟之前的那些年，他喜欢的是快意的人生。

然后，他突然变得沉静了。母亲病逝后，李叔同收起了不羁的心性。为了开阔眼界，他毅然东渡日本留学。在日本，他以优异的成绩考入东京美术学院油画班，专攻西洋油画，同时在课余时间广泛涉猎音乐等门类。

日本留学期间，李叔同的生活方式大大改变。他剪去长辫，改为中分式短发，脱下长袍马褂，换上西装，过得严谨而充实。他是这样的人，放纵起来可以信马由缰，沉静起来又耐得住孤独。那几年，

▲ 著名佛学大师弘一法师，又名李叔同（由中国第二历史档案馆提供）

他将满身的才情，埋藏在沉默的丹青与跳动的音符之间，再不是那个放浪形骸的风流才子。不过，多情的天性却丝毫未改。

或是偶然，或是必然，李叔同遇见了他红尘里最后的爱情。从他出家前写给她的信可以得知，她叫诚子。这个樱花般恬静的女子，在尽情绽放的华年里遇上了她命里注定的人。翩翩才子以满腹的才情，惊醒了她沉睡已久的心事。看起来，这场相逢仿佛天意。

那日，她如清风般从他的窗前掠过，他本能地用目光去追寻窗外的丽影，手中的画笔停在空中。几分钟后他冲出画室，他叫住她，她蓦然回首。彼此对望，仿佛早已相识。故事开始的时候，美得让人窒息。

和他以前遇见的女子相比，诚子更加清丽脱俗，仿佛不食人间烟火。李叔同看得出神，许久才回过神，忐忑地询问她，是否愿意做他的绘画模特。诚子上下打量了李叔同，看他身材颀长，风度翩翩，对他顿生好感，微笑着点头答应了。

李叔同把她请进了画室，她摆好姿势，他开始作画，竟没有多少陌生感觉。画完以后，他们聊了很久，彼此之间的距离更是拉近了许多，甚至有些相见恨晚。往往是这样，爱情的最初，只是对望的刹那，便仿佛种下了满世界的情花。只是，谁都知道，情花虽美，也会让人绝望。

不久之后，李叔同与诚子开始交往了。像是等了许多年终于相逢，彼此都是说不出的欢喜。诚子成了李叔同的专职模特，李叔同希望以诚子的玉体作画，诚子也毫不迟疑地答应了。她笑盈盈地走进他的画室，人生中第一次在异性面前剔下衣衫，当所有的衣服如花瓣般飘落地面，她的整个生命毫无保留地呈现在他面前。冰肌玉骨，纤尘不染。

她不好意思地侧过身去，他示意她斜坐上那张半高的床，左手自然地支撑，右手随意的摆放，脸向后微侧，半回首。他定格了她的美，她安静地坐着，任由他在纸上将她复制成画中的玲珑模样。他陶醉于这样的美，画得凝神屏气，没有丝毫的杂念。

那时候，他所面对的，与其说是她完美的躯体，不如说是她无暇的生命。在这样的生命面前，他所能做的，就是以所有的心力，尽情地描摹。可以说，那是灵魂与灵魂的对话。在完成这样的对话以后，他们之间已没了距离。

爱情悄然开始，无需对谁说明。对于诚子来说，那个多情的才子，像是从诗里走来，拾起了她如歌的年月。他满身的才情令她不由自主地倾心，他家衰国败的愁苦让她有共同承担的愿望，他游子般的漂零更令她怜惜不已。几年的形影相随，她把最美的情开在了爱情的盛年。他对她，何尝不是爱得深沉！

尽管她知道李叔同已有家室，尽管她的家人坚决反对他们交往，尽管当时还有富有的银行家在追求她，但是诚子还是决定与李叔同相爱。为此，她甚至和家里断了关系。不久，李叔同和诚子举办了简单的结婚仪式。这场爱情总算是开了花，遗憾的是，并没有结果。在爱情里辗转的李叔同，渐渐看出了聚散兴味背后的凄凉。当他决定远离红尘的时候，再美的爱情也会被抛开。他有他的深情，也有他的决绝。

不过，至少此时他们还深情地爱着。那个叫诚子的女子，和他共对着晨昏和悲喜。在绘画技巧日渐成熟的时候，多才多艺的李叔同，开始了在音乐和戏剧上的钻研和创新。此前，他编写的《音乐小杂志》开始在东京印刷并寄回上海发行，成为中国第一份音乐杂志。后来，他又与同学共同创办了话剧团体：春柳社。

1906 年，长江中下游发生水灾，沿江各省均受灾严重，这个消

息传到日本后，春柳社准备在东京组织一场以赈灾募捐为目的的义演，已经开始广泛接受西方艺术熏陶的李叔同立即想到演出新式话剧。与春柳社的其他社员们商量后，演出的剧目确定为《茶花女》，李叔同在剧中反串饰演玛格丽特。

为了这次演出，他把留起来的小胡子也剃掉了，同时为了使自己的腰能够收得更细，他几天不吃饭。对此，他是认真而执着的。不管曾经怎样游戏人间，当他静下来倾情于艺术，那份真诚足以打动无数人。《茶花女》公演取得巨大成功，轰动了日本的文化界。

公演当日，诚子也坐在观众席上，看李叔同将茶花女演得入木三分，她感动地落了泪。她知道，自己深爱着的这个男子，无论做什么，都不会让人失望。只是，她并不知道，他执着的同时，已在渐渐看淡。镜花水月的世界，来去得失都在慢慢浮现出最初的模样。仿佛，他已看到了归途。

后来，李叔同回国，诚子告别故土，随他漂洋过海。或许，在樱花盛开的时候，他们曾漫步花间，无意间说过天长地久。爱得炽热，那女子当真了，她是真打算与他白头偕老的。如果可以，她愿意陪伴着他，年年岁岁，不离不弃。就像她说的，有他在的地方，就是她的家。

李叔同并没有把诚子带回天津，而是在上海租了一栋小洋房，让诚子安顿下来。他去天津任教，她远远地站在他身后，默然承受着异国的清冷与寂寞。后来，李叔同终于南下了，先后在上海城东女学任音乐教员，在《太平洋报》任文艺编辑，兼管副刊及广告。《太平洋报》停刊后，李叔同被迫离开上海，到浙江两级师范学堂就职绘画及音乐老师，每周都能与诚子相聚，她的笑容里尽是满足。

看上去，他们似乎真能有个完满的结局。没想到，情节陡然转换，便转出了满世界的不知所措。他做了教师，做得很严谨，学生也很喜欢他，没有人能想到，他会突然间转身离开人海。他是个奇人，做什么，都能做到极致，做到风华无双。对待爱情，又是那样缱绻情深。但他，却看破了红尘。

大潇洒，大轻狂，大绚烂，他配得上这样的字眼。至此，李叔同做过了富家公子、留学生、教师、编辑，可谓长袖善舞之人，诗词歌赋、风花雪月，都在他的乾坤里悠然飘荡着。蓦然回首，万事皆空。苍茫人间，他终究是厌倦了。

悲欣交集

在这世上，每个人都是过客。走走停停之间，繁华与萧瑟，美丽与哀愁，对照着浮沉悲喜。可以说，所有远方，都是归途；也可以说，所有归途，都是远方。万丈红尘，茫茫人海，是来处，也是异乡。

留学回国以后，李叔同所见的，是比从前更加混乱的中华大地。军阀争斗不休，社会黑暗腐败，人们彷徨无计，眼中的世界，竟然从未有过安稳。虽身在闹市，他却感到苦闷和孤独。他当了教师，以此实现他经世致用的教育救国理想。可是，世事浮沉之中，他已将来去和聚散看得清清楚楚。

夏丏尊认为，李叔同是教师中最令人难忘的。他说："李先生教图画、音乐，学生对图画、音乐看得比国文、数学等更重。这是有人格作背景的原故。他的诗文比国文先生的更好，他的书法比习字先生的更好，他的英文比英文先生的更好。"

丰子恺在怀念先师的文章中写道：李叔同做教师，以身作则，不多讲话，但使学生衷心感动，自然诚服。每次上课，他总是先于学生来到教室，静静地等待学生的到来，上课之始，先向台下学生鞠躬，方开始授课。对于犯错误的学生，李叔同会将学生留下来耐心劝导。劝导完后，又向学生鞠躬。严肃认真，春风化雨，这就是作为教师的李叔同。

应该说，当时的李叔同，正处于生命的辉煌时期。因为博学和人格魅力，李叔同令师生们敬仰有加。在各个艺术领域，诗词歌赋、音乐美术、金石书法，都达到了当时的最高境界。同时，还有个温婉可人的小女子，可以伴他诗酒流连。按理说，他应该感到满足。

然而，李叔同处事，总是不落窠臼。万千人走过的路，他不屑去走；万千人看过的风景，他懒得去看。他喜欢和沉醉的，是独自的天空海阔。那里，可以阒无人迹，可以了无声响。只需孤灯，照着寂静无语。

他是个不拘尘俗的人，向来漠视世俗观念下的人际关系准则。在人们眼中，他有时候不近人情。与人相约见面，人家耽搁了几分钟，他就打消了见面的念头，让人家吃了闭门羹。晚上有人送来电报，他只是让对方将电报搁在信箱里。他的说法是：已经睡了，无论怎样紧急的事情，总归要天明以后办了。

许多事情，在别人那里已是水深火热，在他看来却是云淡风轻。这样的事情，或许于他出家没有直接关系，但是至少可以说明，世俗认可的思维和行为，在李叔同身上，往往是不灵的，这大概就为他遁出人海埋下了伏笔。

李叔同的友人韩亮侯曾忆及两人相识的经过，听起来也有些戏剧性。韩亮侯当时也在东京留学，他去听西洋音乐会，身边坐着个衣衫褴褛的观众，与满堂附庸风雅的阔人们形成鲜明对照。散场时，彼此打了个招呼，原来这人便是李叔同。

事实上，李叔同住的是小洋楼，家里陈设讲究，四壁皆书，书架上艺术品琳琅满目，屋角还摆着钢琴。褪去破衣烂衫，患上笔挺的西装，他又是风度翩翩的文人雅士。但是，很多时候，他就是愿意衣衫褴褛地走在人群里，不在意旁人的看法和说法。或许可以说，他是行走于俗世边缘的人，总会在某个刹那，蓦然间远离红尘喧嚷。

终于，他真的走了。或者说，他归了寂静。1918 年，李叔同在杭州虎跑寺剃度出家。此前，他把所有家当分送给友人和同事，将平生所刻印章送给西泠印社。流年风景，乱世情缘，已不在他眼中。就像林语堂说的，他曾经属于那个时代，却终于抛弃了那个时代，跳到红尘之外去了。

看透所有风景，世间便再无风景可看。于是，世间万物，就会渐渐失去吸引力。没了光怪陆离，没了繁华逐眼，只剩下倾城的日光，照着无边的尘埃。天涯的笛声，也不再断肠。是该远离尘嚣了吧，他默想着，许多念头，许多纠葛，尽数抖落。突然间，他仿佛独自站在大地上，前尘往事尽如云烟。

▲ 李叔同出家前与其学生刘质平（左）、丰子恺（右）合影。（由中国第二历史档案馆提供）

远在天津的俞氏得知消息后带着两个孩子赶到杭州，想劝李叔同回心转意，然而，面对青灯古佛，他的俗心早已不知去向。实际上，就连他倾心爱过的诚子，他也只是托朋友送她归国。当然，他预支了薪水，还剪下一绺胡须，让朋友转交给了她。他并非无情，只是，看破世事以后，聚散都看得很淡，如此而已。

在写给诚子的信中，李叔同这样写道："做这样的决定，非我寡情薄义，为了那更永远、更艰难的佛道历程，我必须放下一切。我放下了你，也放下了在世间累积的声名与财富。这些都是过眼云烟，不值得留恋的。人生短暂数十载，大限总是要来，如今不过是将它提前罢了，我们是早晚要分别的，愿你能看破。在佛前，我祈祷佛光加持你。望你珍重，念佛的洪名。”

雨天的午后，西湖白堤南岸飘来一叶小舟。在小舟停泊的埠头边，僧人与女子诀别。他是李叔同，她是诚子，四目相对，静默无语。风雨中，飘来远处寺庙依稀的钟声。她强忍泪水问他，什么是爱，他轻描淡写地回应，爱就是慈悲。

临别，他调转船头向湖岸划去，在她眼中渐行渐远。她突然伤心地责问：“先生，你慈悲对世人，为何独独伤我？”没有回应。伤心欲绝的诚子，只能目送他远去，直至他来过的湖面又只剩湖水。她曾是他的爱人，也是他的妻子，却是他留在尘缘里爱的绝笔。咫尺天涯，是他与整个世界的距离。

他深爱过几个女子，也被几个女人深爱，他深感于男女情爱他已再无所求，于是把自己活成了信仰，心便结实起来，结实到可以轻松地抽身离俗，把爱禅解为慈悲，将小爱升华到大爱。后来的岁月，云水禅心里，尽是慈悲。

出家后的李叔同，一改他潇洒奔放、富家公子的人生态度，严持戒律，素食自咽，过午不食，万事安然。一碗素菜，咸时，他说咸有咸的滋味，淡时，他说淡有淡的味道。在落座藤椅之时，他还轻轻抖抖椅子，害怕坐坏了寄生在藤椅上的小虫。可以说，世事皆不入心；也可以说，世事皆在心中。

他留给世人最后的绝笔是四个字：悲欣交集，不知道这错综交集的感悟里，是否有对前尘旧爱的挂念。悲欣交集中，他走完了绚烂至极，又归于平淡的人生。如他在诗中所写：莺啼陌上人归去，花外疏钟送夕阳。去的时候，他是这样的：问余何适，廓而忘言，华枝春满，天心月圆。